THOMAS D'AQUIN À LA MÊME LIBRAIRIE EN POCHE

Textes sur la morale, textes traduits et commentés par Ét. Gilson, édités par R. Imbach, 2011.

Le maître. Questions disputées sur la vérité. Question XI, édition bilingue, introduction par R. Imbach, traduction et notes B. Jollès, 2016.

La royauté, au roi de Chypre, édition bilingue, introduction, traduction et notes par D. Carron avec la collaboration de V. Decaix, 2017.

L'ÉTERNITÉ DU MONDE

BIBLIOTHEQUE DES TEXTES PHILOSOPHIQUES
Fondateur Henri GOUHIER   Directeur Emmanuel CATTIN

THOMAS D'AQUIN

L'ÉTERNITÉ DU MONDE

Introduction et traduction

par

Grégoire CELIER

PARIS
LIBRAIRIE PHILOSOPHIQUE J. VRIN
6 place de la Sorbonne, V e
2020

© *Librairie Philosophique J. VRIN*, 2020
Imprimé en France
ISSN 0249-7972
ISBN 978-2-7116-2939-8
www.vrin.fr

INTRODUCTION

Au cours de l'histoire, une discussion philosophique d'une grande ampleur et d'une vive intensité a éclaté à plusieurs reprises à propos de la « durée du monde » : par exemple au VIe siècle (débat entre le chrétien Jean Philopon et le païen Simplicius), aux XIe et XIIe siècles (polémique entre Algazel et Averroès), au XIIIe siècle (qui connut sans doute la controverse la plus animée et la plus riche). Plus tard encore, des auteurs comme Bodin, Bayle, Kant, Hegel, Nietzsche, Bergson, Heidegger, pour ne citer qu'eux, se sont également, chacun dans leur genre, intéressés à cette question. Il existe ainsi une moisson de textes philosophiques à ce propos.

De ce fait, pour l'histoire de la philosophie, et notamment pour les spécialistes de la philosophie antique et médiévale, la question de la « durée du monde » constitue un sujet classique d'étude : on trouve de nombreux travaux d'histoire de la philosophie consacrés à tel ou tel aspect de ce débat.

L'intérêt de cette question

La question de la durée du monde met en œuvre, en effet, des notions tout à fait essentielles de la philosophie, et en cela elle est particulièrement intéressante à étudier.

Elle touche, évidemment, la métaphysique, de même que la physique ou cosmologie (au sens philosophique), notamment en étudiant Dieu éternel créateur du monde, ou en examinant les rapports entre le temps et l'éternité, entre le fini et l'infini. Elle fait des incursions en psychologie, par exemple en comparant la causalité volontaire à la causalité naturelle. Elle investit la logique et l'épistémologie, spécialement en approfondissant les relations entre la philosophie et la foi, tout comme celles entre la philosophie et la science.

La durée passée du monde

Il faut noter, toutefois, que cette discussion philosophique se focalise essentiellement sur la durée *passée* du monde. Certes, en soi, la question pourrait porter sur la durée future du monde : le monde va-t-il un jour disparaître, ou au contraire durera-t-il sans fin ? Certains auteurs y font quelquefois allusion, mais ils s'arrêtent rarement à cette problématique du futur.

Le vrai sujet, aux yeux de tous, concerne le passé : quelle a été la durée passée du monde, jusqu'à aujourd'hui ? Autrement dit, le monde est-il « éternel », sans commencement, ou possède-t-il un commencement quelconque (aussi lointain soit-il) ?

Vive controverse au XIIIe siècle

Comme nous l'avons dit, c'est au XIIIe siècle en Europe, pour diverses raisons dont l'entrée massive d'Aristote n'est pas la moindre, que la controverse sur la durée du monde a été la plus vive, la plus passionnante, la plus longue, la plus complexe et souvent la plus tumultueuse. On peut dire sans exagérer que tous les penseurs latins de ce siècle se sont posé plus ou moins explicitement la question : « Aurait-il été possible que le monde existât sans commencement ? ». On trouve, par exemple, une formulation particulièrement ramassée de cette interrogation dans la première phrase du texte de Thomas d'Aquin dont le titre (donné après sa mort) est *De Æternitate mundi* : « Étant supposé, selon la foi catholique, que le monde a eu un début dans la durée, un doute s'élève pour savoir si le monde aurait pu exister depuis toujours [1] ».

Pour prendre la mesure de cette querelle intellectuelle au XIIIe siècle, il suffit de rappeler les noms de quelques-uns de ceux qui y ont participé : Albert le Grand, Alexandre de Halès, Boèce de Dacie, Bonaventure, Gilles de Rome, Henri de Gand, John Peckham, Pierre de Tarentaise, Robert Grosseteste, Siger de Brabant. Et, bien sûr, Thomas d'Aquin. Soit les penseurs les plus importants du siècle. Dont trois déclarés, depuis cette époque, saints et docteurs de l'Église. Sans compter les dizaines de professeurs moins connus qui ont, eux aussi, à l'époque, traité ce sujet à la fois classique et controversé [2].

Une affirmation claire de la foi catholique

Pourtant, la notion d'un monde créé *avec un commencement* est absolument claire dans la foi de l'Église catholique, et tellement manifeste qu'elle n'est

---

1. *De Æternitate mundi.*
2. *Cf.* par exemple C. Michon (dir.), *Thomas d'Aquin et la controverse sur l'éternité du monde*, Paris, Flammarion, 2004 ; R. C. Dales, *Medieval discussions of the eternity of the world*, Leiden-New York-Kobenhavn-Köln, E. J. Brill, 1990.

souvent même pas développée dans les exposés autorisés de la doctrine chrétienne, tant elle est considérée comme évidente [1].

Le premier verset de la Bible est bien connu : « Au commencement, Dieu créa le ciel et la terre » (Gn 1, 1). Ce texte affirme à la fois que Dieu existe ; qu'il est le créateur de tout ce qui existe en dehors de lui ; et que cette création s'est faite « au commencement » et non pas de toute éternité.

Ce point de la foi catholique est clairement exprimé et rappelé (même si c'est de façon très brève) par le quatrième concile du Latran (1215) dans sa définition contre les albigeois et les cathares, texte repris et cité par la constitution *Dei Filius* du premier concile du Vatican (1870). Et le pape Pie XII, dans son encyclique *Humani generis* du 12 août 1950, signale comme « doctrine qui s'oppose aux déclarations du concile du Vatican » l'assertion suivante : « On nie que le monde ait un commencement [2] ». Ayant cité ces textes classiques, le père Jose Ignacio Saranyana peut donc écrire avec justesse : « En conséquence, nous pouvons affirmer que

---

1. *Cf.* par exemple *Catéchisme du concile de Trente*, 1 re partie, article « *Credo in Deum Patrem omnipotentem, creatorem caeli et terrae* » (*Catéchisme du saint concile de Trente*, Paris-Tournai-Rome, Desclée et Cie, p. 30-33, ou *Catéchisme du concile de Trente*, nouvelle traduction par l'abbé Gagney, Lyon-Paris, Delhomme et Briguet, I, p. 38-50) ; *Catéchisme de l'Église catholique*, 1 re partie, 2 e section, article « Je crois en Dieu le Père tout-puissant, Créateur du ciel et de la terre » (*Catéchisme de l'Église catholique*, Paris, Mame-Plon, 1992, p. 68-73).

2. *Cf.* H. Denzinger, *Symboles et définitions de la foi catholique*, Paris, Cerf, 2005, p. 825.

la thèse "Le monde a été créé dans le temps" est de foi (divine et catholique définie)[1] ».

C'est pourquoi, au moins officiellement et d'après ce que nous en savons, les penseurs catholiques latins du XIIIe siècle ont tous fermement soutenu que le monde a *réellement* eu un commencement.

A la découverte d'une disputatio *majeure du XIIIe siècle*

Cette notion d'un commencement du monde, venue de la Révélation biblique, était ainsi, à l'époque, devenue commune, « évidente », même à la raison des philosophes. Il est donc assez fascinant de constater que ces penseurs catholiques latins ont mis tant d'énergie à traiter une question qui pouvait sembler contredire leur foi. Et nous éprouvons spontanément le désir de comprendre de quelle façon, et dans quel but, ces auteurs ont pu consacrer ainsi leur ardeur et leur temps à une telle controverse.

Il existe deux manières d'aborder une telle question. Soit on se plonge dans une étude « doctrinale » sur cette partie de l'histoire de la philosophie (et elles ne manquent pas), passant donc par l'entremise d'un spécialiste ; soit on décide courageusement de se confronter aux textes eux-mêmes, pour entrer personnellement en contact avec les auteurs du temps.

---

1. J. I. Saranyana, « La creacion "ab aeterno" – Controversia de Santo Tomas y Raimundo Marti con San Buenaventura », *Scripta theologica*, V, 1973, p. 135 : « *En consecuencia, podemos afirmar que la tesis "mundus creatus est in tempore" es de fide (divina et catholica definita)* ».

par ses devanciers, et notamment par Albert le Grand et
Moïse Maïmonide [1] ».

Il est donc intéressant d'examiner sommairement
à quelles sources Thomas puise pour réaliser sa propre
synthèse.

Les philosophes antiques

Certains auteurs antiques cités dans la question de la
durée du monde sont connus par Thomas de seconde main,
à travers d'autres auteurs, notamment Aristote. C'est le
cas des philosophes qui ont précédé Platon et Aristote, et
qu'il arrive à Thomas d'appeler les « *primi naturales* » ou
les « *antiquissimi naturales* », ce que l'on peut traduire
par « les plus anciens Physiciens [2] ». Il cite explicitement
Anaxagore [3] (vers 500-428), Empédocle [4] (vers 490-435)
et Démocrite [5] (vers 460-370). La présentation qu'il fait
des thèses de ces philosophes anciens trahit de façon
évidente sa dépendance à peu près complète envers
Aristote en ce qui concerne la connaissance de leurs
assertions [6].

Platon est également mentionné de façon essentiellement indirecte, puisque nous savons que les hommes
du XIIIe siècle avaient accès seulement à un fragment du

1. *Cf.* É. Gilson, *Le thomisme*, Paris, Vrin, 5e éd., 1945, p. 213.

2. *Summa contra Gentiles* II, c. 37.

3. *Scriptum super libros Sententiarum* II, D. 1, q. 1, a. 5 ;
Quaestiones disputatae De potentia q. 3, a. 17.

4. *Scriptum super libros Sententiarum* II, D. 1, q. 1, a. 5.

5. *Scriptum super libros Sententiarum* II, D. 1, q. 1, a. 5 ;
Quaestiones disputatae De potentia q. 3, a. 17.

6. *Cf.* par exemple *Summa theologiae* I, q. 46, a. 1 : « Tant au
huitième livre des *Physiques* qu'au premier livre *Du Ciel*, Aristote
commence par citer les opinions d'Anaxagore, Empédocle et Platon,
contre lesquelles il apporte des raisons contraires ».

Timée, grâce à Cicéron et à Chalcidius, ainsi qu'éventuellement au *Phédon* et au *Ménon*, traduits vers le milieu du XIIe siècle. Toutefois, « les sources indirectes du platonisme médiéval sont multiples et diverses : Apulée, saint Augustin, Avicebron, Boèce, Denys, Macrobe, le *Liber de causis*, le platonisme arabe et juif[1] », auxquels Jean-Pierre Torrell ajoute, sans pourtant épuiser le filon, « Martianus Capella, Avicenne (…) et divers écrits de Proclus[2] », ainsi évidemment que les discussions de la doctrine de Platon qui émaillent l'œuvre d'Aristote. La façon dont Thomas fait référence à Platon, ou aux « Platoniciens » (que nous appelons plutôt « néoplatoniciens »), est caractéristique de cet accès indirect à l'œuvre platonicienne : il indique habituellement qu'il cite Platon à partir d'Aristote[3], de saint Augustin[4] ou de Boèce[5].

Thomas, en revanche, a beaucoup utilisé Aristote, et de façon directe : sans compter les doctrines aristotéliciennes qu'il a intégrées directement dans la trame de ses propres élucidations, Thomas utilise explicitement huit ouvrages du Philosophe (*Physiques*, *Métaphysique*, *De Cœlo*,

---

1. R. Imbach, *Quodlibeta*, Fribourg, Universitätsverlag Freiburg, 1996, p. 137.

2. J.-P. Torrell, *La « Somme » de saint Thomas*, Cerf, 2007, p. 110. M. Lemoine (« Le corpus platonicien selon les médiévaux », *in* J. A. Aertsen, A. Speer (dir.), *Was ist Philosophie in Mittelalter?*, Berlin-New York, Walter de Gruyter, 1998, p. 277-278) ajoute encore Arnobe, Claudien Mamert, saint Jérôme, Lactance, Tertullien, Priscien, etc.

3. *Cf.* par exemple *Scriptum super libros Sententiarum* II, D. 1, q. 1, a. 5 ; *Summa theologiae* I, q. 46, a. 1 ; *Sententia super Physicam* VIII, lectio 2.

4. *Cf.* par exemple *Quaestiones disputatae De potentia* q. 3, a. 14.

5. *Cf.* par exemple *De Æternitate mundi*.

De Generatione, Topiques, De Anima, Prédicaments et Météorologiques), ce qui représente près de 40 % de l'ensemble des citations faites par lui dans l'examen de la question de la durée du monde.

Les philosophes « arabo-musulmans »

Thomas a également puisé chez ceux qu'on peut nommer de façon pratique les « philosophes arabo-musulmans » (même si cette dénomination est en partie sujette à caution).

Thomas cite ainsi des textes d'Avicenne[1] tirés de sa *Métaphysique* (en réalité, la quatrième partie du *Kitab al-Shifâ*) dans le *Scriptum super libros Sententiarum*, les *Quaestiones disputatae De potentia* et la *Summa theologiae*.

Thomas recourt également à Algazel, ou du moins à ce que les médiévaux latins mettaient sous ce nom[2],

---

1. Abû 'Alî al-Husayn Ibn Sînâ (980-1037) est l'auteur philosophique sans doute le plus influent dans la scolastique latine, si l'on excepte évidemment Aristote. On trouve d'ailleurs dans l'œuvre de Thomas plus de 400 citations explicites d'Avicenne, sans compter la multitude des allusions implicites. Avicenne était connu au temps de Thomas d'abord comme médecin : son ouvrage majeur sur le sujet, le *Canon de la médecine*, fut durant sept siècles, jusqu'à la Renaissance, la base de l'enseignement de cette discipline dans toutes les universités européennes. De son œuvre philosophique, tout à fait considérable, les médiévaux n'ont eu accès qu'à une partie, essentiellement des extraits de son grand ouvrage philosophique *Kitab al-Shifâ*, soit *Le livre de la guérison* [de l'âme], dont furent traduites l'introduction de la première partie (sur la logique), presque toute la deuxième partie (sur la physique et la psychologie) et toute la quatrième partie (sur la métaphysique).

2. Abu Hamid Muhammad al-Ghazali (1058-1111) a écrit un grand nombre d'ouvrages concernant la théologie, la logique, le droit, la mystique, sans oublier des récits autobiographiques et des écrits polémiques. Toutefois, sa personnalité, son orientation intellectuelle et

effectivement trace d'une influence de Rabbi Moyses revendiquée en tant que telle par Thomas.

Mais en réalité, l'influence de Rabbi Moyses dépasse singulièrement les citations explicites. A plusieurs reprises, des affirmations de Thomas concernant la durée du monde ont été, sinon inspirées, du moins confortées chez lui par la lecture du *Dux perplexorum*, tant la similitude des références et des assertions est frappante entre les deux auteurs.

Ainsi, l'exposé par Thomas des thèses d'Aristote à propos de la durée du monde ne peut pas ne pas être rapproché de la démarche de Rabbi Moyses dans les chapitres 14 à 18 de la deuxième partie du *Dux perplexorum*, où celui-ci développe une réflexion approfondie sur la pensée du Philosophe à ce propos. Spécialement, lorsque Thomas, dans le *Scriptum super libros Sententiarum*[1], dans les *Quaestiones disputatae De potentia*[2] et dans la *Summa theologiae*[3], affirme d'Aristote qu'au sens strict, celui-ci n'a jamais voulu proposer une démonstration scientifique concernant la durée du monde, il fait très probablement allusion au chapitre 15 où Rabbi Moyses entend prouver la même chose.

De façon encore plus générale, la position « agnostique » de Thomas a propos de la durée du monde a trouvé sans aucun doute dans le *Dux perplexorum* (notamment I, chapitre 71 ; II, chapitre 24) une de ses sources d'inspiration. Les conclusions des deux auteurs ne sont pas strictement identiques, mais le parallélisme de la démarche ne peut être sans fondement.

---

1. *Scriptum super libros Sententiarum* II, D. 1, q. 1, a. 5.
2. *Quaestiones disputatae De potentia* q. 3, a. 17.
3. *Summa theologiae* I, q. 46, a. 1.

Il semble bien, également, que « l'argument de convenance » en faveur d'une création avec un commencement prenne au moins une partie de son origine dans la lecture du *Dux perplexorum*, ainsi que le suggère un passage du *Scriptum super libros Sententiarum*[1]. Thomas semble renvoyer au chapitre XXXI du deuxième livre, où Maïmonide affirme : « Il nous a été prescrit d'honorer ce jour [du sabbat], afin que le principe de la nouveauté du monde fut établi et publié dans l'univers par le repos auquel tout le monde se livrerait en même temps[2] », ajoutant : « On nous a donc prescrit l'inaction et le repos, afin de réunir deux choses : 1) d'adopter une opinion vraie, à savoir (celle de) la nouveauté du monde, qui, du premier abord et par la plus légère réflexion, conduit à (reconnaître) l'existence de Dieu[3] ».

Cependant, Rabbi Moyses n'affirme pas, à cet endroit, que « toutes choses proviennent de l'être de Dieu », ce que déclare pourtant Thomas. L'allusion de ce dernier est donc plus large que ce seul fragment du chapitre XXXI. A notre sens, Thomas n'entend pas ici proposer une simple citation littérale, mais il dégage plus largement l'*intentio auctoris*, la pensée globale de l'auteur, qui se révèle à travers tous les chapitres que Maïmonide

---

1. *Scriptum super libros Sententiarum* II, D. 2, q. 1, a. 3 : « Dieu précède la créature non seulement par la dignité, mais encore par la causalité, ce que montre le commencement du monde ; car, comme le dit Rabbi Moyses, à partir de la supposition de la nouveauté du monde, il y a une voie très facile pour montrer que Dieu existe, et que toutes choses proviennent de son être ».

2. *Le Guide des égarés, traité de théologie et de philosophie par Moïse Ben Maimoun, traduit pour la première fois sur l'original arabe et accompagné de notes critiques, littéraires et explicatives par S. Munk*, Paris, A. Franck libraire, 1861, II, chapitre 31, p. 257-258.

3. *Ibid.*, p. 258.

consacre au dilemme entre une création du monde dans le temps et une existence éternelle de ce monde [1].

Dans ce passage du *Scriptum super libros Sententiarum*, Thomas cite ainsi Rabbi Moyses, à la fois *ad litteram* et *ad mentem* [2], pour introduire l'idée que la nouveauté du monde constitue un point de départ remarquable pour

---

1. Parmi les textes venant éclairer cette « intention de l'auteur », on peut ainsi citer, au fil des pages et sans prétention d'exhaustivité, les quelques fragments suivants : « La chose qui est commune à tous [les Motécallemîn], c'est d'établir tout d'abord la nouveauté du monde, au moyen de laquelle il est avéré que Dieu existe » (I, chapitre 71, p. 346). « Le monde, dis-je, est nécessairement ou éternel ou créé [dans le temps]. Or, s'il est créé [dans le temps], il a indubitablement un créateur, car c'est une notion première que tout ce qui est *né* ne s'est pas fait naître lui-même, mais ce qui l'a fait naître est autre chose que lui ; donc (dit-on), ce qui a fait naître le monde, c'est Dieu » (I, chapitre 71, p. 349). « Ce sont là les principales méthodes des Motécallemîn pour établir la nouveauté du monde. Dès qu'ils ont établi par ces preuves que le monde est créé, il s'ensuit nécessairement qu'il a un ouvrier qui l'a créé avec intention, avec volonté et de son plein gré » (I, chapitre 74, p. 439). « Que l'univers dans sa totalité, je veux dire tout être hormis Dieu, c'est Dieu qui l'a produit du néant pur et absolu ; qu'il n'avait existé (d'abord) que Dieu seul et rien en dehors de lui, ni ange, ni sphère, ni ce qui est à l'intérieur de la sphère céleste ; qu'ensuite il a produit tous ces êtres, tels qu'ils sont, par sa libre volonté et non pas *de* quelque chose » (II, chapitre 13, p. 104-105). « Sache que, selon notre opinion à nous tous qui professons la nouveauté du monde, tout cela est facile et marche bien (d'accord) avec nos principes » (II, chapitre 19, p. 159). « Nous, nous disons que c'est Dieu qui a fait toutes ces choses avec dessein et en voulant cet univers, qui n'a pas existé d'abord et qui maintenant a été appelé à l'existence par la volonté de Dieu » (II, chapitre 21, p. 172). « Il faut savoir que, dès qu'on admet la nouveauté du monde, tous les miracles devenant possibles, la (révélation de la) Loi devient possible aussi, et toutes les questions qu'on pourrait faire à ce sujet s'évanouissent » (II, chapitre 25, p. 198). « Si la nouveauté (du monde) était démontrée, ne fût-ce que selon l'opinion de Platon, tout ce que les philosophes ont dit pour nous réfuter tomberait » (II, chapitre 25, p. 199).

2. Littéralement et selon son esprit.

l'appréhension de l'existence de Dieu et de la création *ex nihilo*. Il est donc raisonnable de soutenir que l'argument de convenance proposé par Thomas a été, sinon inspiré, au moins conforté par sa lecture du *Dux perplexorum*.

Auteurs chrétiens

S'il est manifeste que, sur cette question de la durée du monde, Thomas a fait des lectures personnelles approfondies de certains auteurs païens, arabes et juifs, il semble avoir beaucoup moins puisé sur ce sujet chez les auteurs chrétiens anciens. Les citations qu'il en fait sont relativement conventionnelles et proviennent d'un nombre limité d'ouvrages.

De saint Anselme, il cite une fois le *Proslogion* et deux fois le même extrait du *Monologion*. De saint Augustin, il cite plusieurs fois les mêmes textes de *La Cité de Dieu*, de *La Genèse au sens littéral* et des *Confessions*. Lorsqu'il semble sortir un peu des sentiers battus, avec de *De Trinitate*, le *Contra Faustum* ou le *Contra Maximinianum*, c'est plutôt qu'il s'agit d'objections qui lui sont faites. De Boèce, il cite quatre fois le même extrait du *De Consolatione*, et n'en propose qu'une petite variante grâce à quelques lignes du même cinquième livre du *De Consolatione*. Il ne cite Denys l'Aréopagite qu'une fois, avec un passage de *La Hiérarchie céleste*.

De saint Grégoire le Grand, Thomas propose trois fois le même extrait tiré de la *Première homélie sur Ézéchiel*, et un passage des *Morales sur Job*. D'Hugues de Saint-Victor, il reprend une référence invoquée par ses contradicteurs et tirée du *De Sacramentis*. De saint Jean Damascène, il cite deux fois le même texte du *De Fide orthodoxa*. Enfin, son fragment d'Origène n'est pas direct, mais tiré de la Glose.

Il ne semble donc pas que les auteurs chrétiens anciens aient abondamment enrichi sa réflexion sur la durée du monde.

Sources contemporaines

Pour achever de décrire les sources possibles de sa réflexion, il serait utile de savoir si Thomas s'est inspiré des textes et des argumentaires des hommes de la génération qui l'a précédé, ou encore de ses contemporains immédiats.

Leurs affirmations peuvent être parvenues à Thomas soit sous forme d'ouvrages de ces auteurs qu'il aurait lus personnellement; soit sous forme de recueils d'opinions standardisées, de « dossiers » tout faits d'arguments et d'autorités; soit sous forme d'écoute directe (par exemple au cours d'une *disputatio*); soit par des discussions personnelles avec un autre maître; soit enfin par des rumeurs et des on-dit.

Il est clair, d'abord, que Thomas a eu affaire à des contradicteurs réels et contemporains pour les *Quaestiones disputatae* (au moins en partie), et plus encore pour les *Quaestiones de quolibet*, même si leurs objections étaient plus ou moins réécrites par après. Mais quelle est la situation pour les autres textes où Thomas ne se confronte qu'à des interlocuteurs virtuels? Thomas y distingue certaines opinions dont les auteurs sont assez clairement déterminés, et situés dans le passé (avec des formules comme « *ut dicit Aristoteles* »), d'autres assertions dont les auteurs ne sont pas clairement identifiés. Ordinairement, Thomas désigne ces personnes de la façon la plus générale qui puisse s'imaginer. Parfois, ces *quidam* sont directement désignés et interpellés, mais sans autre précision. C'est seulement dans le

De Æternitate mundi que Thomas prend à partie des « adversaires », qu'il distingue de « tous », et dont il moque ouvertement la suffisance.

Qui sont donc ces *quidam*, et serait-il possible de les identifier, comme les éditeurs s'efforcent de donner la référence d'un texte d'Avicenne ou d'Averroès que cite Thomas ? En d'autres termes, pourrait-il être légitime d'affecter le nom de Bonaventure ou de Peckham à tel ou tel argument que discute Thomas ? Certains l'affirment : « Saint Thomas a très souvent utilisé le *Commentaire des Sentences* de Bonaventure. Des exemples frappants ont été signalés, notamment sur la question de l'éternité du monde [1] ». Cependant les parallèles explicites sont rares, et les travaux récents sur tel ou tel texte se risquent peu à affirmer une dépendance directe.

En fait, l'identification des *quidam* nous est devenue très ardue, en particulier à cause de l'anonymat de rigueur concernant les *moderni magistri* : « [Les] usages de l'époque (…) voulaient qu'on ne mentionne pas nommément les contemporains [2] ». Usuellement, donc, ils étaient cités sans référence explicite et sous la forme d'une opinion réécrite par l'auteur plutôt que d'une citation directe [3].

Si, évidemment, on peut penser que Thomas, sur ce sujet de la durée du monde, a bénéficié de la réflexion de ses contemporains ou des hommes de la génération qui l'a précédé, au travers probablement de florilèges

---

1. J.-G. Bougerol, « Saint Thomas d'Aquin et saint Bonaventure frères amis », dans *1274, Année charnière – Mutations et continuités*, Paris, Éditions du CNRS, 1977, p. 745.

2. J.-P. Torrell, *La « Somme » de saint Thomas, op. cit.*, p. 107.

3. *Cf.* M.-D. Chenu, *Introduction à l'étude de saint Thomas d'Aquin*, Paris, Vrin, 1950, « L'autorité au Moyen Âge », p. 106-117, particulièrement p. 113-115 à propos des *dicta magistrorum*.

de textes, il faut noter que, dès le *Scriptum super libros Sententiarum*, donc très tôt dans sa carrière, il est déjà en possession d'une doctrine relativement originale, dont il ne déviera guère tout au long de la vie. De plus, son travail est, d'une façon générale, beaucoup plus développé et méthodique que celui de ses contemporains. A proprement parler, Thomas ne paraît pas reprendre servilement les arguments de ses récents prédécesseurs, même pour leur donner une solution personnelle : il semble clair, au contraire, qu'il a profondément revisité par lui-même le dossier argumentatif, qu'il a fourni un important travail de recherche en s'imposant une lecture méthodique d'Aristote, d'Averroès, d'Avicenne et de Rabbi Moyses, pour tirer d'eux tous les arguments utiles, et ainsi que sa doctrine sur la durée du monde possède une incontestable dimension originale.

Quelques éclaircissements préalables

Il s'agit maintenant d'aborder les textes de Thomas concernant la durée du monde. En soi, le langage de Thomas est relativement simple et fluide, notamment quand on le compare à celui d'autres penseurs de son époque. Ceci étant, il s'agit tout de même de textes de philosophie et de théologie d'une haute abstraction, présentés sous une forme très spécifique dont nous n'avons plus l'habitude (méthode scolastique), et traduits du latin au français. Ce qui signifie qu'il n'est pas toujours facile d'entrer dans le mouvement du texte et d'en percevoir clairement les enjeux, le raisonnement et la progression.

De plus, ces textes s'intéressent à des points spécialement exigeants de la réflexion philosophique, comme les rapports entre la philosophie et la foi, entre

divine [1] », de la « prophétie ». Toutefois, parce que ce *fait* est réel, sa contradiction est une erreur et même au sens propre, puisqu'il y a une révélation surnaturelle sur ce point, une hérésie.

Concernant le *fait* que le monde ait eu un commencement, les textes indiquent ainsi que Thomas se situe très nettement dans le cadre d'une réflexion théologique, appuyée sur une révélation reçue par la foi.

En revanche, Thomas affirme constamment, de façon explicite ou implicite selon les cas, que le double *possible*, à savoir celui d'un monde sans commencement (*possible* non réalisé *en fait*) et celui d'un monde avec commencement (*possible* réalisé *en fait*) n'est, pour sa part, nullement lié à la Révélation. Il fait l'objet d'un raisonnement proprement philosophique, comme l'indiquent toutes les démonstrations rationnelles, dans un sens comme dans l'autre, au long des textes de Thomas.

Cette question de la *possibilité* est donc pour lui un problème en soi philosophique, même s'il provient originellement de la théologie, en ce sens que cette dernière en signale l'existence à la réflexion rationnelle sans le traiter elle-même directement.

---

1. *Scriptum super libros Sententiarum* II, D. 1, q. 1, a. 5 : « Le fait que le monde ait commencé ne peut être démontré, mais doit être accepté et cru en raison de la Révélation divine. Cette position s'appuie sur l'autorité de saint Grégoire, qui dit que certaines prophéties portent sur le passé, comme quand Moïse prophétise en disant au premier chapitre de la Genèse : "Au commencement, Dieu créa le ciel et la terre". Et j'adhère à cette position ».

S'agit-il d'une question « scientifique » ?

L'examen des textes de Thomas fait surgir une autre question préjudicielle. On trouve en effet, au cœur même des raisonnements thomasiens, des notions que nous estimons périmées d'un point de vue « scientifique », comme l'impossibilité du vide ou l'incorruptibilité des corps célestes[1]. Il est alors légitime de se demander si, chez Thomas, la question de la durée du monde ne constitue pas un mélange de philosophie et de notions empiriques dépassées « scientifiquement », ce qui ferait perdre à ses raisonnements toute valeur de vérité. En effet, si les raisonnements de Thomas sont contaminés par des notions empiriques que la « science » moderne a reconnu comme fausses, et puisque la conclusion d'un raisonnement suit toujours la prémisse la plus faible, il faudrait en déduire que les solutions proposées par Thomas ne pourraient être considérées comme recevables intellectuellement.

En reprenant ces passages litigieux, on s'aperçoit cependant que Thomas ne recourt pas, dans ses raisonnements philosophiques, à des notions comme l'impossibilité du vide ou l'incorruptibilité des corps célestes. Certes, il en fait mention en quelques endroits, et il est clair qu'il croit lui-même à ces notions que la « science » moderne a définitivement abandonnées.

---

1. On relève quatorze mentions de notions « scientifiques », dans six des textes de Thomas concernant la durée du monde : *Scriptum super libros Sententiarum, Summa contra Gentiles, Quaestiones disputatae De potentia, Summa theologiae, Quaestiones de quolibet* III et *Sententia super librum De caelo et mundo.* Les concepts « scientifiques » évoqués sont au nombre de quatre : la question du calcul du calendrier (une fois), celle de l'érosion de la Terre (une fois), celle du vide (deux fois), celle des corps célestes (dix fois).

Mais, précisément, il ne les évoque que pour les *écarter* comme non pertinentes dans le débat en cours [1].

Au lieu de discuter de la vérité ou de la fausseté des objections « scientifiques » qu'on lui oppose, Thomas ne s'attache qu'à réfuter la conséquence *philosophique* que l'objectant prétend en tirer. Son raisonnement est, en réalité, le suivant : « *Même en supposant* ... (que le vide soit impossible ou que les corps célestes soient incorruptibles), on ne peut rien en déduire de certain sur la durée du monde ». La démarche de Thomas, face à ces objections « scientifiques », se ramène donc à une proposition conditionnelle. Or, la vérité logique d'une proposition conditionnelle peut être assurée, que la condition soit réalisée en fait ou non.

On définit volontiers la géométrie comme « l'art de raisonner juste sur des figures fausses ». C'est affirmer par le fait même qu'un raisonnement peut atteindre une réelle vérité même en charriant accidentellement des éléments inexacts. L'impossibilité du vide, ou l'incorruptibilité des corps célestes, sont bien des conceptions « scientifiques » que partagent Thomas et ses interlocuteurs, et qui nous apparaissent aujourd'hui comme fausses. Mais Thomas

---

1. Par exemple, à propos du fait qu'avant la Création du monde aurait existé le vide, ce qui est impossible selon la physique aristotélicienne : « Avant la création du monde il n'y avait pas de vide, pas plus qu'après ; le vide, en effet, n'est pas seulement une négation, mais bien une privation ; donc pour poser le vide il faut poser un lieu ou des dimensions séparées, comme disaient ceux qui posaient le vide, mais nous ne posons rien de cela avant le monde » (*Scriptum super libros Sententiarum* II, D. 1, q. 1, a. 5). Ou encore : « A la définition du vide ne suffit pas la définition "dans quoi il n'y a rien", mais il est requis qu'il s'agisse d'un espace capable de recevoir un corps, et dans lequel il n'y ait pas de corps, comme cela apparaît par Aristote, au quatrième livre des *Physiques*. Mais nous, nous disons qu'il n'a pas existé de lieu ou d'espace avant le monde » (*Summa theologiae* I, q. 46, a. 1).

n'utilise pas vraiment ces conceptions « scientifiques » dans la réalité de sa démonstration.

Les raisonnements suivis par Thomas sont, en fait, de ce type : « Objection ("scientifique") : Un monde avec commencement suppose le vide, or le vide est "scientifiquement" impossible. Réponse (philosophique) : Un monde avec commencement ne suppose pas le vide, donc la question "scientifique" du vide est ici hors sujet ».

L'intervention, dans le raisonnement philosophique, de données « scientifiques » que nous jugeons aujourd'hui erronées s'apparente en l'occurrence à celle d'un catalyseur dans une réaction chimique. De même que le catalyseur rend possible la réaction sans en être partie prenante au sens propre (car rien du catalyseur ne se retrouve dans le produit final de la réaction chimique), de même cette donnée « scientifique » admise tant par l'objectant que par Thomas rend possible et nécessaire le raisonnement philosophique à son propos, mais sans aucunement intervenir dans l'argumentation elle-même.

La question de la durée du monde chez Thomas ne constitue donc pas, d'un point de vue formel, un mélange de philosophie et d'une « science » reposant sur des bases définitivement périmées.

Un monde sans commencement, est-ce impossible ?

En entreprenant de réfléchir sur la possibilité d'un monde créé sans commencement, Thomas se heurte à des « adversaires », ainsi qu'il les nomme dans le *De Æternitate mundi*, que nous avons appelés pour notre part les « temporalistes ». Selon eux, un monde créé sans commencement constitue une assertion rigoureusement impossible sur le plan rationnel, et probablement hétérodoxe sur le plan théologique : ceux qui soutiennent une thèse semblable énoncent des absurdités voire des âneries, compromettent la foi et ouvrent la route à la suspicion sur leur orthodoxie[1].

Thomas est évidemment dans l'obligation de répondre à leurs arguments avant de prétendre examiner la question en elle-même.

Est-ce impossible pour Dieu?

Il existe d'abord des objections à propos de la capacité de Dieu lui-même à créer sans commencement. On peut les résumer en trois formules. Premièrement, Dieu est cause du monde créé, or une cause précède forcément son effet : « Il faut que la cause précède par la durée ce qui est fait par l'action de cette cause[2] ». Deuxièmement, Dieu est sage, et s'il a créé avec un commencement, c'est

---

1. Par exemple, saint Albert le Grand : « Il y en a qui disent que quand on dit "La créature est faite à partir du rien", le rien précède la créature par la nature, non par l'ordre de durée : car le Créateur en créant n'a besoin de rien, puisqu'il est le principe universel de l'être. (…) Mais une telle thèse paraît très étonnante (…) car personne n'a jamais pu concevoir une telle chose » (*Summa theologiae* II, tr. 1, q. 4, a. 5, p. 3, Inc. 2, in *B. Alberti Magni, Ratisbonensis episcopi, ordinis Prædicatorum, Opera omnia, cura et labore Steph. Cæs Aug. Borgnet*, Parisiis, Apud Ludovicum Vivès, 1895, XXXII, p. 108). Ou encore saint Bonaventure : « Il faut dire que poser que le monde est éternel ou a été produit éternellement, en posant que toutes les choses ont été produites à partir de rien, est tout à fait contre la vérité et la raison, comme le prouve le dernier argument; et c'est à un tel point contre la raison que je ne crois pas qu'aucun philosophe, aussi peu doué soit-il, ait pu poser une telle affirmation. Car cela implique en soi une contradiction manifeste » (*Commentarius in II librum Sententiarum* II, d. 1, p. 1, a. 1, q. 2, in *Doctoris seraphici S. Bonaventurae S.R.E. episcopi cardinalis Opera omnia*, Ad claras Aquas [Quaracchi], Ex typographia Collegii S. Bonaventurae, 1885, II, p. 22).

2. *Summa contra Gentiles* II, c. 38.

qu'il s'agissait forcément du meilleur choix, le seul qu'il pouvait faire : « La volonté du sage ne diffère pas de faire ce qu'il projette, sinon pour une bonne raison[1] ». Troisièmement, si la créature était sans commencement, elle serait éternelle comme Dieu, donc équivalente à lui, ce qui est impossible : « Si le monde existait depuis toujours, il serait équiparé à Dieu en ce qui concerne la durée[2] ».

La réponse de Thomas est simple : une cause éternelle peut produire son effet éternellement, pourvu simplement que l'effet soit simultané à la cause, ce qui est le cas pour la création. Et comme aucune création ne pourrait jamais être adéquate à Dieu lui-même, Dieu va choisir librement, parmi d'autres, les éléments d'une création donnée qui mettront en valeur tel aspect de ses perfections infinies. Et la créature, même d'une durée infinie, ne sera jamais l'égale de Dieu, qui possède son être « *tota simul* », « tout entière en même temps », tandis que n'importe quelle créature connaît une certaine forme de succession. « La capacité de la cause produisant toute la substance de la chose n'est pas moindre sur son effet que celle de la cause produisant seulement la forme. Or, la cause produisant seulement la forme peut produire celle-ci de toute éternité, si elle-même est éternelle ; car la splendeur qui est engendrée par le feu et diffusée par lui est simultanée avec lui ; et elle serait coéternelle, si le feu était éternel, comme le dit saint Augustin. Donc, à plus forte raison, Dieu pourrait-il produire un effet qui lui soit coéternel[3] ».

---

1. *Quaestiones disputatae De potentia* q. 3, a. 14.
2. *Scriptum super libros Sententiarum* II, D. 1, q. 1, a. 5.
3. *Quaestiones disputatae De potentia* q. 3, a. 14.

Une créature faite de rien est-elle forcément faite après le rien?

Si les objections à une création sans commencement considérée du côté de Dieu sont peu nombreuses, elles abondent au contraire lorsqu'il s'agit de considérer cette question du côté de la créature elle-même.

Pour les « temporalistes », en effet, la créature ne saurait « supporter le poids » de l'éternité, et donc ne pourrait avoir existé sans commencement. Leurs objections, telles que les rapporte et les étudie Thomas, relèvent pour l'essentiel de trois démarches. La première part de la causalité : pour simplifier, on peut dire que la cause (Dieu) doit forcément précéder l'effet (la créature). La deuxième s'intéresse à la durée : en gros, une créature ne peut atteindre une durée équivalente à celle de Dieu. La troisième bute sur l'infini : en résumé, un monde sans commencement devrait avoir « traversé » l'infini, ce qui est impossible.

La première objection contre la possibilité d'un monde éternel, prise du côté de la créature, peut être résumée par la brève formule latine : « *Ex nihilo, ergo post nihilum* », « *A partir* du rien, donc *après* le rien » ou, comme le dit le *Scriptum super libros Sententiarum* : « Tout ce qui est créé est fait à partir du rien. Mais tout ce qui est fait à partir du rien est un étant après avoir été un rien, puisqu'il n'est pas simultanément étant et non-étant[1] ». Sur ce point, les auteurs sont formels : la proposition inverse, qui envisage une création *ex nihilo* sans commencement, est « impensable par l'intelligence[2] » (Albert le Grand),

1. *Scriptum super libros Sententiarum* II, D. 1, q. 1, a. 5.
2. *Summa theologiae* II, tr. 1, q. 4, a. 5, p. 3, Inc. 2, in *B. Alberti Magni, Ratisbonensis episcopi, ordinis Prædicatorum, Opera omnia, cura et labore Steph. Cæs Aug. Borgnet*, Parisiis, Apud Ludovicum Vivès, 1895, XXXII, p. 108.

diffèrent de l'éternité. Donc la créature ne peut être éternelle[1] ». La réponse de Thomas est simple : une créature qui n'aurait eu aucun commencement aurait pu être dite éternelle, mais il se serait agi d'une éternité essentiellement différente de celle de Dieu[2]. Car la première aurait été une succession indéfinie, tandis que l'éternité divine est, selon la célèbre définition de Boèce dans le *De Consolatione* (V, 6), « la possession parfaite et *totalement simultanée* d'une vie sans terme ».

La deuxième objection est celle de la causalité : la cause produit l'effet, donc la cause précède l'effet par la durée. Comme le dit Thomas dans la *Summa contra Gentiles* : « Que Dieu soit la cause de toutes les choses est un point démontré. Or il faut que la cause précède par la durée ce qui est fait par l'action de cette cause[3] ». La réponse de Thomas tient dans la distinction entre les causes qui agissent par un mouvement et celles qui agissent sans mouvement, et pour cette raison instantanément. Les

---

et s'enchaînant (par exemple, un acte de volonté faisant suite à un acte d'intelligence) dit forcément un mouvement, un avant et un après, une succession, donc un temps, puisque ce dernier se définit comme la mesure du mouvement selon l'avant et l'après. Thomas caractérise ce temps annexé à l'*aevum* comme « non continu » ou « formé d'instants discrets » (ou discontinus : la *discretio*, en latin, signifie la séparation, la distinction). Cette forme de durée angélique annexée à l'*ævum* est ainsi souvent appelée le « temps discret ».

1. *Quaestiones disputatae De potentia* q. 3, a. 14.

2. « L'*ævum* et le temps diffèrent de l'éternité, non seulement en raison du commencement de la durée, mais aussi en raison de la succession. En soi, le temps est successif; à l'*ævum* la succession est adjointe [temps discret] selon que les substances éternelles sont variables d'un côté, même si d'un autre côté elles ne varient pas, selon qu'elles sont mesurées par l'*ævum*. Mais l'éternité ni ne contient de succession, ni n'est adjointe à une succession » (*Quaestiones disputatae De potentia* q. 3, a. 14).

3. *Summa contra Gentiles* II, c. 38.

effets de ces dernières leur sont logiquement simultanés, ou du moins peuvent l'être lorsqu'il s'agit d'une cause libre. Or il a été démontré abondamment par Thomas que la création n'est pas un mouvement. Il résume alors dans le *De Æternitate mundi* : « Aucune cause produisant son effet subitement n'a de nécessité à précéder dans la durée son effet. Or Dieu est une cause produisant son effet non par un mouvement, mais subitement[1] ».

Un temps passé infini est-il réellement possible ?

Dire, enfin, que le monde aurait pu exister sans commencement, c'est avouer qu'un temps infini se serait écoulé jusqu'à aujourd'hui. Or l'infini est-il réellement possible ?

Nous arrivons ici au point de la position de Thomas sur la durée du monde qui nous paraît le plus difficile, celui qui lui a valu les oppositions les plus motivées, celui qui demeure le plus troublant pour l'esprit : la question de l'infini. Dire que le monde aurait pu exister sans commencement, c'est avouer par le fait même qu'un temps infini se serait écoulé jusqu'à aujourd'hui. Or (et c'est tout le problème), l'infini est-il réellement possible ?

L'objection contre la possibilité de l'infini va prendre des formes diverses, qui permettent de voir Thomas se débattre avec cette question complexe, sans arriver toujours à donner des réponses pleinement satisfaisantes pour nous.

La capacité d'un être créé est finie, dit la première objection à ce propos, ce qui l'empêche d'atteindre un infini quelconque, même de durée : « Aucune capacité

---

1. *De Æternitate mundi.*

finie n'est capable d'une opération infinie. Or la capacité du ciel est une capacité finie (…). Donc il est impossible que son mouvement existe pendant un temps infini, et semblablement impossible que son être dure un temps infini[1] ». La réponse de Thomas est simple : il ne faut pas considérer la créature, dont la capacité est finie par nature, mais l'agent qui la fait exister, dont la capacité est infinie. Autrement dit, un être créé peut exister indéfiniment, pourvu que Dieu infini lui en renouvelle constamment la capacité : « Une durée infinie est atteinte grâce à un agent séparé infini[2] ».

Dire qu'un temps infini a précédé le moment présent, affirme la deuxième objection, c'est avouer qu'une série successive quelconque, par exemple la série des générations d'un animal, n'a pas eu de premier (impossible à atteindre, puisque situé à une distance infinie). Mais, par définition, s'il n'y a pas eu de premier, il n'y a pas eu, en conséquence, d'intermédiaires, donc encore moins l'animal actuel : « Dans les causes efficientes, il faudrait procéder à l'infini, si la génération existait depuis toujours, ce qu'il faudrait affirmer si le monde existait depuis toujours ; car le père est cause du fils, et un autre père de lui-même, et ainsi à l'infini[3] ». La réponse se fonde sur la distinction entre des causes accidentellement coordonnées et des causes essentiellement subordonnées. Seules les secondes doivent exister en même temps et en nombre limité, tandis que les premières, qui en réalité sont actuellement indépendantes, peuvent avoir existé de façon successive et en nombre éventuellement infini :

1. *Scriptum super libros Sententiarum* II, D. 1, q. 1, a. 5.
2. *Ibid.*
3. *Summa contra Gentiles* II, c. 38.

« Il est impossible que le même effet soit précédé par des causes par soi ou essentielles en nombre infini ; mais par des causes accidentelles, cela est possible [1] ».

L'exemple que donne souvent Thomas à ce propos est celui de l'artisan coutelier. Pour réaliser actuellement un couteau, il faut des causes réunies simultanément et en nombre fini : par exemple, l'artisan lui-même, une forge, une lame, un marteau pour modeler celle-ci, etc. Si ces causes actuellement nécessaires se trouvaient en nombre infini, elles ne pourraient agir, puisqu'un infini en acte est impossible : donc le couteau ne pourrait être fabriqué, ce qui est contraire à la réalité. En revanche, cela fait peut-être trente ans que cet artisan réalise des couteaux, et au cours de sa carrière il a pu user de nombreux marteaux successifs pour faire ses couteaux. Peut-être a-t-il hérité cet atelier de son père, qui l'avait lui-même hérité de son père, et ainsi de suite. Bref, peut-être y a-t-il eu dans cet atelier, avant l'actuel marteau, des centaines, des milliers, peut-être même une infinité de marteaux successifs. Mais l'histoire passée de l'atelier de coutellerie n'importe pas à la capacité présente de l'artisan à fabriquer un couteau : ce qui compte, c'est l'existence actuelle d'un marteau apte à modeler la lame actuelle. L'artisan, la forge, la lame, le marteau sont des causes essentiellement subordonnées, qui concourent ensemble et actuellement à la fabrication du couteau : elles sont donc forcément en nombre limité. En revanche, les marteaux précédemment utilisés dans cet atelier n'ont qu'un lien historique de succession : il s'agit de causes accidentellement coordonnées, qui n'entrent pas en réalité dans le processus actuel de fabrication, et

1. *Scriptum super libros Sententiarum* II, D. 1, q. 1, a. 5.

peuvent donc être aussi nombreuses et variés qu'on le souhaite, jusqu'à l'infini éventuellement [1].

« Si le monde et la génération ont toujours existé, note Thomas dans une autre objection, des hommes en nombre infini nous ont précédés. Mais l'âme humaine est immortelle. Donc des âmes humaines en nombre infini existeraient en acte, ce qui est impossible. Donc on peut savoir de façon nécessaire que le monde a commencé [2] ». La réponse principale de Thomas est que la question d'un monde sans commencement ne dépend pas de l'existence de l'humanité, mais seulement de l'existence d'une créature quelconque, ce qui supprime par le fait même la pertinence de l'objection : « Il faut admettre que cet argument est particulier. Donc quelqu'un pourrait dire que le monde est éternel, ou du moins une créature, comme l'ange, même si ce n'est pas l'homme. Mais nous, nous nous posons universellement la question de savoir si une créature quelconque a existé de toute éternité [3] ».

---

1. *Scriptum super libros Sententiarum* II, D. 1, q. 1, a. 5 : « Par exemple, sont exigées pour l'existence d'un couteau certaines causes agentes, comme un artisan, un outil ; et que ces causes soient en nombre infini est impossible, car il s'ensuivrait qu'il existeraient en acte simultané des choses en nombre infini ; mais de ce que le couteau aurait été fait par un artisan âgé, qui de nombreuses fois a renouvelé ses outils, il s'ensuivrait simplement une multitude successive d'outils, ce qui est accidentel ; et rien n'empêche qu'il y ait eu une infinité d'outils précédant la confection de ce couteau, si l'artisan existait de toute éternité ». *Summa theologiae* I, q. 46, a. 2 : « L'artisan utilise par accident de multiples marteaux, dans la mesure où ils cassent les uns après les autres. Il arrive donc accidentellement à tel marteau d'agir après l'action d'un autre marteau ».

2. *Summa theologiae* I, q. 46, a. 2.

3. *Ibid.*

Une infinité de jours écoulés

Si le monde existait sans commencement, souligne une ultime objection, une infinité de jours précéderait le jour présent ; or ce qui est passé doit avoir été traversé ; donc il faudrait avoir traversé l'infini ; mais on ne peut traverser l'infini ; donc on ne serait jamais parvenu au jour actuel, ce qui est manifestement contraire à la réalité ; et ainsi, le monde a forcément eu un commencement. Ou, pour reprendre les mots mêmes de Thomas dans le *Scriptum super libros Sententiarum* : « Si le monde existait de toute éternité, alors une infinité de jours précéderait le jour présent. Mais on ne peut traverser l'infini. Donc on n'aurait jamais pu atteindre le jour présent, ce qui est faux [1] ».

D'excellents auteurs ont entrepris de montrer que cette objection rendait définitivement absurde la position de Thomas sur la possibilité d'un monde sans commencement. Et il faut avouer que leurs démonstrations paraissent diablement convaincantes.

C'est le cas en particulier de Fernand Van Steenberghen qui, pourtant disciple de Thomas d'Aquin, a contesté avec beaucoup de vigueur et de persévérance, en quatre articles successifs [2], l'argumentation de Thomas, en utilisant en

1. *Scriptum super libros Sententiarum* II, D. 1, q. 1, a. 5.
2. F. Van Steenberghen, « La controverse sur l'éternité du monde au XIIIᵉ siècle », *Bulletin de l'Académie royale de Belgique*, LVIII, 1972, p. 267-287 ; « Saint Bonaventure contre l'éternité du monde », in *S. Bonaventura (1274-1974) – Volumen commemorativum anni septies centenarii a morte S. Bonaventurae Doctoris seraphici, cura et studio Commissionis internationalis bonaventurianae, Philosophica*, Grottaferrata, Collegio S. Bonaventura, 1973, p. 259-278 (ces deux premiers articles ont été repris dans F. Van Steenberghen, *Introduction à l'étude de la philosophie médiévale*, Leuven-Paris, Publications universitaires-Béatrice Nauwelaerts, 1974) ; « Le mythe d'un monde

particulier un argument proposé par Bonaventure. Sa critique repose sur deux fondements essentiels : d'une part, si un événement du passé est situé à une distance infinie, il devient impossible de le relier à des événements situés à une distance finie ; d'autre part, si le monde n'a pas eu de commencement, il a fallu, pour arriver au jour actuel, « traverser » un nombre infini de jours [1], ce qui est également impossible.

Ce qui est étonnant, c'est que cette objection, qui nous semble particulièrement pertinente, n'impressionne nullement Thomas. Si, concernant l'objection de l'infinité des âmes, il a redit plusieurs fois que celle-ci était difficile ; si, concernant sa résolution, il a utilisé plusieurs arguments en réponse et oscillé au cours de sa vie à propos de l'efficacité de certains d'entre eux ; en revanche, concernant l'objection de l'infinité des jours passés, il déclare tranquillement qu'elle « n'est pas contraignante [2] », et il va répondre exactement dans le même sens tout au long de sa vie, sans varier jamais.

D'après Thomas, soit on détermine un point quelconque du passé, et alors il existe une durée finie entre ce point et aujourd'hui ; soit on ne détermine pas de point, mais on se réfère à un point indéfini censé se situer

---

éternel », *Revue philosophique de Louvain*, LXXVI, 1978, p. 157-179 ; « Le mythe d'un monde éternel – Note complémentaire », *Revue philosophique de Louvain*, LXXX, 1982, p. 486-499.

1. Car « l'infini en acte est irréalisable, impossible dans l'ordre réel » (F. Van Steenberghen, *Introduction à l'étude de la philosophie médiévale*, Leuven-Paris, Publications universitaires-Béatrice Nauwelaerts, 1974, p. 416). Or, « le passé est accompli et, dès lors, une série infinie d'événements est *acquise*, l'infini est *réalisé*, nous sommes bel et bien en présence d'un infini *en acte* » (F. Van Steenberghen, *Introduction à l'étude de la philosophie médiévale*, *op. cit.*, p. 529).

2. *Summa contra Gentiles* II, c. 38.

dans un passé infiniment éloigné, mais alors on ne peut parler d'une durée entre ce point indéfini et aujourd'hui, car une durée définie réclame toujours deux extrêmes définis. Et ainsi, il n'y a nullement à « traverser l'infini » pour parvenir au jour présent : pour y parvenir à partir d'un point défini quelconque du passé, il existe toujours une durée finie… sauf qu'on ne pourra jamais trouver un point défini dans le passé qui soit le premier.

Van Steenberghen, pour sa part, résume l'essentiel de sa première thèse critique par la formulation suivante : « Si le monde est éternel dans le passé, une série infinie d'événements se sont succédé jusqu'à ce jour. Chacun de ces événements est-il à une distance finie d'aujourd'hui ? Si on l'accorde, on concède par le fait même que l'événement le plus éloigné de tous est encore à une distance finie d'aujourd'hui ; dans ce cas, cet événement est le premier et l'évolution du monde a commencé. Si l'on soutient, au contraire, qu'un ou plusieurs événements sont infiniment distants d'aujourd'hui, comment concevoir le passage des événements infiniment distants à ceux qui ne le sont pas ? [1] ».

A aucun moment, Thomas n'envisage les choses sous la forme d'un tel dilemme. Pour lui, du moment qu'on veut calculer un temps quelconque, il faut désigner un jour précis et, dans ce cas la distance entre aujourd'hui et ce jour du passé est toujours et obligatoirement finie. « De l'infini ainsi considéré, tout ce qui est examiné est fini : une portion de cet infini ne peut être compris qu'en tant qu'elle va de quelque chose de déterminé vers une autre chose déterminée ; et ainsi, quel que soit le moment

1. F. Van Steenberghen, *Introduction à l'étude de la philosophie médiévale*, *op. cit.*, p. 527.

déterminé que l'on considère, toujours de ce moment à un autre moment existe un temps fini ; et c'est ainsi qu'on parvient au moment présent[1] ». Donc, souligne Thomas, « l'objection procède comme si, les extrémités étant posées, il existait un nombre infini d'intermédiaires[2] », ce qui est faux. En revanche, « si le monde existait depuis toujours, en les prenant tous ensemble, on ne pourrait pas leur trouver de premier[3] ». Mais, dans ce cas, « il n'y aurait pas de traversée, laquelle exige toujours deux extrêmes[4] ». Autrement dit, au dilemme de Van Steenberghen, Thomas répondrait à peu près de la sorte : « Chacun des événements *désignables* du passé se situe à une distance finie d'aujourd'hui. Mais, comme on ne peut pas trouver de premier événement, on peut indéfiniment remonter dans le passé ».

Thomas, en revanche, ne traite jamais de *l'ensemble* des événements du passé, comme le fait son contradicteur : il ne réunit jamais tous les événements du passé, ne les prenant au contraire qu'un par un. Dans ce cas, ils sont forcément désignables, et donc situés à une distance finie d'aujourd'hui. Et ceci, parce qu'il estime que toute réflexion sur une traversée quelconque du temps doit comporter forcément deux extrêmes identifiés. Van Steenberghen balaie toutefois cette façon dont Thomas aborde la question : « [Thomas] soutient que chaque élément de l'infini successif est à

---

1. *Scriptum super libros Sententiarum* II, D. 1, q. 1, a. 5.
2. *Summa theologiae* I, q. 46, a. 2.
3. *Summa contra Gentiles* II, c. 38. Cf. *Scriptum super libros Sententiarum* II, D. 1, q. 1, a. 5 : « De là il s'ensuit que si un homme commence à compter à partir de tel jour, il ne pourra pas parvenir en comptant jusqu'à un premier jour ».
4. *Summa contra Gentiles* II, c. 38.

une distance finie du présent, alors que cette affirmation implique nécessairement l'existence d'un premier terme ou le commencement du monde [1] ». En réalité, Thomas ne dit pas que chaque élément du passé est à une distance finie d'aujourd'hui : il souligne simplement le fait que, du moment que je *désigne* un jour passé, celui-ci est forcément à une distance finie d'aujourd'hui. C'est là, à notre avis, le point crucial de divergence entre Thomas et Bonaventure réinterprété par Van Steenberghen. Car ce dernier, pour sa part, pose la question du point de vue d'un collectif infini d'événements passés : existe-t-il dans ce collectif, oui ou non, des événements situés à une distance infinie l'un de l'autre? Malheureusement, nous ne pouvons faire répondre Thomas à une question qu'il ne s'est pas posée, volontairement ou non. C'est ce que doit finalement reconnaître Van Steenberghen, de façon polémique : « En réalité, Thomas n'accepte pas la première branche de l'alternative formulée par Bonaventure, car il ne concède pas que *tous* les événements passés *sont* à une distance finie d'aujourd'hui; il se borne à dire ceci : quel que soit le jour passé *que l'on désigne*, il est séparé d'aujourd'hui par un nombre fini de jours. Réponse vraiment trop facile, car on ne saurait évidemment *désigner* un jour infiniment éloigné [2] ». Ou encore : « Il est clair que notre docteur *passe à côté de la difficulté* soulevée par Bonaventure et qu'il ne rencontre d'aucune manière le dilemme du maître franciscain [3] ».

---

1. F. Van Steenberghen, *Introduction à l'étude de la philosophie médiévale*, *op. cit.*, p. 521.

2. F. Van Steenberghen, « Le mythe d'un monde éternel – Note complémentaire », *Revue philosophique de Louvain*, LXXX, 1982, p. 489.

3. F. Van Steenberghen, « Le mythe d'un monde éternel – Note complémentaire », art. cit., p. 489.

Concernant sa deuxième thèse, Van Steenberghen note que « l'idée d'un monde éternel implique une série infinie d'événements *passés*, donc *réalisés*, *acquis*, bref une série infinie *en acte*, même si elle est successive [1] ». Mais Thomas reste sur les mêmes bases : en aucune manière, il ne s'agit de « traverser » un nombre infini de jours, précisément parce que « traverser » ne se dit qu'entre deux extrêmes déterminés, et donc finis. « Le passage se comprend toujours d'un terme vers un autre terme. Quel que soit le jour passé que l'on désigne, il existe toujours un nombre fini de jours de ce jour jusqu'à l'actuel, qui donc peuvent être traversés. L'objection procède comme si, les extrémités étant posées, il existait un nombre infini d'intermédiaires [2] ».

Une fois encore, Thomas n'utilise jamais *dans les faits* (mais sans s'en expliquer) la manière de procéder de Van Steenberghen, à savoir considérer non pas concrètement une portion quelconque du temps passé (forcément finie), mais abstraitement l'ensemble d'un temps sans commencement (forcément infini). Nous constatons donc que l'objection bonaventurienne et la réponse thomasienne ne se rejoignent en réalité pas vraiment, qu'il s'agit entre eux d'une sorte de dialogue de sourds.

Par ailleurs, Thomas admet l'existence possible d'un infini, pourvu qu'il soit par succession : « Un infini en acte est impossible ; mais qu'un infini le soit par succession, ce n'est pas impossible [3] » ; « L'infini, même s'il n'existe pas en acte simultanément, peut cependant exister dans

---

1. F. Van Steenberghen, *Introduction à l'étude de la philosophie médiévale*, *op. cit.*, p. 408.

2. *Summa theologiae* I, q. 46, a. 2.

3. *Scriptum super libros Sententiarum* II, D. 1, q. 1, a. 5.

la succession[1] ». C'est ce que conteste absolument Van Steenberghen. Pour lui, il faut nettement distinguer entre *indéfini* et *infini*[2]. L'indéfini, à ses yeux, est « ce que les Anciens appelaient l'*infini en puissance*, la série finie qui croît indéfiniment », tandis que l'infini est, « dans l'ordre quantitatif, la limite *idéale* vers laquelle *tend* une série d'unités en croissance *indéfinie*, sans jamais pouvoir l'atteindre ». Or, « seul peut exister, dans l'ordre réel, l'*indéfini* », tandis que l'infini en acte « est irréalisable, impossible dans l'ordre réel[3] », car « une série "innombrable" ou "infinie" est une série indéterminée et, dès lors, impossible et impensable[4] ». Mais, pour Van

1. *Summa contra Gentiles* II, c. 38.

2. F. Van Steenberghen, *Introduction à l'étude de la philosophie médiévale, op. cit.*, p. 408 : « Le père Tavard ne distingue pas clairement *infini* et *indéfini* ».

3. *Cf.* F. Van Steenberghen, *Introduction à l'étude de la philosophie médiévale, op. cit.*, p. 416-417.

4. F. Van Steenberghen, *Introduction à l'étude de la philosophie médiévale, op. cit.*, p. 416-417 : « Tout ce qui existe est distinct et déterminé dans la mesure où cela existe : l'indétermination, dans un être, n'est jamais qu'apparente ou partielle. Or la détermination propre d'une série est le nombre de ses unités. Donc une série "innombrable" ou "infinie" est une série indéterminée et, dès lors, impossible et impensable. Seul peut exister, dans l'ordre réel, ce que les Anciens appelaient l'*infini en puissance*, c'est-à-dire l'*indéfini*, la série finie qui croît indéfiniment. La série des nombres entiers n'est donc pas "infinie", comme on le dit couramment, mais "indéfinie" : à tout nombre donné il est possible d'ajouter une unité et, dès lors, la série ne sera *jamais infinie*. De même, en supposant que le monde matériel ne cessera jamais d'exister, les événements futurs sont en nombre *indéfini*; la série croîtra sans cesse, mais ne sera *jamais* une série infinie. Au contraire, dans l'hypothèse où le monde matériel serait éternel dans le passé, c'est-à-dire sans commencement, une série *infinie* d'événements serait *accomplie*; cette série serait donc indéterminée, strictement "innombrable", inconnaissable même par Dieu et, dès lors, impossible. Cette série serait un *infini en acte*, quoi qu'on dise, car elle serait *réalisée, acquise, inscrite dans le réel* ».

Steenberghen, « [Thomas] affirme qu'un infini *successif* n'est pas un infini *en acte*, alors qu'un infini successif *réalisé* [et c'est le cas pour les événements passés dans l'hypothèse éternaliste] est de toute évidence un infini *en acte*[1] », ce qui vient d'être déclaré impossible.

Avec ces objections particulièrement vigoureuses de Fernand Van Steenberghen sur l'impossibilité de concevoir une infinité de jours passés, nous arrivons à l'extrême pointe de la doctrine de Thomas sur la possibilité d'un monde sans commencement, même si, du point de vue de Thomas lui-même, cette difficulté n'apparaissait nullement comme la principale[2], puisque les jours passés n'existant plus, il ne s'agissait pas à ses yeux d'un infini en acte[3].

---

1. F. Van Steenberghen, *Introduction à l'étude de la philosophie médiévale*, *op. cit.*, p. 521-522 ; « [Aristote] croit échapper à la contradiction en déclarant que cette série [infinie d'événements passés, si le monde est éternel] ne constitue pas un infini en acte, car il s'agit d'événements successifs, qui n'ont jamais été donnés ensemble. Nous avons dit déjà que c'est là pur sophisme : le passé est accompli et, dès lors, une série infinie d'événements est *acquise*, l'infini est *réalisé*, nous sommes bel et bien en présence d'un infini *en acte* », p. 529 ; « Le père Tavard ne distingue pas clairement *infini* et *indéfini* ; il ne semble pas voir que l'idée d'un monde éternel implique une série infinie d'événements *passés*, donc *réalisés*, *acquis*, bref une série infinie *en acte*, même si elle est successive », p. 408 ; « Un monde éternel dans le passé impliquerait une *série infinie d'événements accomplis*, car, si la série était finie, elle comporterait un premier terme et le monde aurait commencé », p. 415.

2. Ainsi que nous l'avons vu, il était beaucoup plus embarrassé par la question de l'infinité (certainement actuelle) des âmes humaines.

3. Ceux qui voudraient poursuivre la réflexion pourront lire en particulier, les réflexions d'A.-D. Sertillanges dans *L'idée de création et ses retentissements en philosophie*, Paris, Aubier-Montaigne, 1945, p. 28-36, ainsi que deux articles importants d'A. Zimmermann, « "Mundus est aeternus" – Zur Auslegung dieser These bei Bonaventura und Thomas von Aquin », in *Die Auseinandersetzungen an der Pariser Universität im XIII. Jahrhundert*, « Miscellanea Mediaevalia 10 »,

*Il est impossible de démontrer que le monde a
commencé*

A la question : « Peut-on démontrer par la seule
raison que le monde a eu un commencement ? », Thomas
a toujours donné une réponse négative. Toutefois, deux
formes d'une telle négation sont possibles. Soit on
affirme simplement qu'*en fait*, jusqu'ici, les arguments
apportés ont été inefficaces (*indémonstration de fait*);
soit on affirme qu'*en droit*, dans toutes les circonstances
possibles et imaginables, il restera toujours impossible
de réaliser une telle démonstration (*indémonstrabilité de
droit*).

La première réponse, celle de l'*indémonstration de
fait*, est à l'évidence utilisée par Thomas : il réfute tous
les arguments apportés en faveur d'une démonstration
purement rationnelle de la nécessité d'un commencement
du monde.

Mais Thomas va plus loin. Il croit impossible *en droit*
(et non seulement *en fait*) de démontrer par la seule raison
le commencement du monde. Il fait donc nettement
profession d'*agnosticisme*. Pour lui, les connaissances
auxquelles la raison laissée à elle-même peut accéder ne
permettent de conclure ni dans un sens ni dans l'autre.
Un bon exemple en est son affirmation du *Scriptum super*

Berlin-New York, Walter De Gruyter, 1976, p. 316-330, et « Alberts
Kritik an einem Argument für den Anfang der Welt », in *Albert
der Grosse – Seine Zeit, seine Werk, seine Wirkung*, « Miscellanea
Mediaevalia 14 », Berlin-New York, Walter De Gruyter, 1981,
p. 78-88), Van Steenberghen ayant d'ailleurs lui-même répondu à ces
derniers (F. Van Steenberghen, « Le mythe d'un monde éternel », *Revue
philosophique de Louvain*, LXXVI, 1978, p. 157-179 ; « Le mythe d'un
monde éternel – Note complémentaire », art. cit., p. 486-499).

libros Sententiarum : « Je ne crois pas qu'un argument démonstratif puisse être apporté par nous à ce propos [1] ».

Mais on peut encore aller plus loin. A trois reprises au moins [2] (et de trois façons différentes), Thomas affirme même qu'il est possible de *démontrer* par la raison qu'il est impossible en droit de démontrer par la seule raison que le monde a commencé. Parce que la raison humaine laissée à elle-même ne peut établir la durée du monde, ni à partir de la créature elle-même, qui n'est connue de cette raison qu'abstraite de sa durée, ni à partir de la volonté divine, qui ne peut être percée par cette raison, il faudrait affirmer de façon certaine que « le fait que le monde ait commencé n'est pas de l'ordre du démontrable ou du scientifique [3] ».

Un monde sans commencement, est-ce possible ?

Thomas a ainsi constamment bataillé contre les tenants de la *démonstrabilité* purement rationnelle d'un monde créé avec un commencement. Il a réfuté systématiquement tous leurs arguments. Il a même entrepris de démontrer rationnellement qu'il est impossible de démontrer par la seule raison le commencement du monde, aussi bien que son non-commencement.

Toutefois, le simple fait de combattre, même de façon systématique, les défenseurs d'une *démonstration* ou d'une *démonstrabilité* purement rationnelle d'un commencement du monde ne suffit pas à nous faire

---

1. *Scriptum super libros Sententiarum* II, D. 1, q. 1, a. 5.
2. *Scriptum super libros Sententiarum* II, D. 1, q. 1, a. 5 ; *Quaestiones disputatae De potentia* q. 3, a. 17 ; *Summa theologiae* I, q. 46, a. 2.
3. *Summa theologiae* I, q. 46, a. 2.

connaître la position que lui-même adopte concernant la *possibilité* d'un monde créé sans commencement.

Comme nous l'avons dit, Thomas ne répond jamais explicitement à cette question de la *possibilité* d'un monde sans commencement. Se situant toujours dans un processus dialectique vis-à-vis de ses adversaires, Thomas ne traite directement que de la *démonstrabilité rationnelle*. Nous devons donc interpréter ses assertions traitant de ce sujet différent mais néanmoins parallèle, pour essayer de dégager de celles-ci une position au moins implicite et nécessaire concernant la *possibilité* d'un monde sans commencement.

La possibilité d'une chose, tout d'abord, peut être déduite de son existence. Malheureusement, l'usage d'une telle voie est impossible en ce cas : un monde sans commencement n'a pas existé, n'existe pas et n'existera jamais. Alors, si on ne peut partir de l'existence réelle d'une chose pour démontrer sa possibilité d'exister, il ne reste qu'à examiner la capacité : capacité de celui qui produit cette chose à la produire ; capacité de cette chose à être produite. Il s'agit donc d'examiner, d'une part la capacité active de Dieu, capacité de créer sans commencement ; d'autre part la capacité passive de la créature, capacité d'être créée sans commencement : « Si l'on dit que cela est impossible, l'on dira cela soit parce que Dieu n'a pu faire quelque chose qui existe depuis toujours ; soit parce que cela n'a pu être fait, même si Dieu pouvait le faire [1] ».

---

1. *De Æternitate mundi.*

Un monde sans commencement, est-ce logiquement possible ?

Dans un premier temps, il s'agit d'essayer de déterminer si les *concepts* de Dieu et de créature admettent le *concept* que le monde aurait pu être créé sans commencement. Nous nous trouvons donc dans l'optique d'une possibilité *logique*.

Effectivement, dans trois textes au moins [1], Thomas envisage cette possibilité *au moins logique* d'un monde créé sans commencement.

Thomas affirme tout d'abord, en visant ses contemporains, que « tous consentent en cela que Dieu aurait pu faire quelque chose qui existe depuis toujours [2] ».

Il note ensuite que « du fait que Dieu connaît et veut de toute éternité, il s'ensuit que les choses auraient pu exister de toute éternité [3] » ; « que les créatures n'aient d'abord pas existé pour ensuite être produites dans l'être n'est pas nécessaire en raison même de leur mode de production [4] » ; « que quelque chose ait été fait par Dieu et jamais n'ait été non existant, il n'y a pour l'intellect aucune répugnance [5] ».

Thomas admet donc la possibilité *au moins logique* d'un monde créé sans commencement.

---

1. *Scriptum super libros Sententiarum* II, D. 1, q. 1, a. 5 ; *Quaestiones disputatae De potentia* q. 3, a. 14 ; *De Æternitate mundi*.

2. *De Æternitate mundi*.

3. *Scriptum super libros Sententiarum* II, D. 1, q. 1, a. 5.

4. *Quaestiones disputatae De potentia* q. 3, a. 14.

5. *De Æternitate mundi*.

Un monde sans commencement, est-ce réellement possible ?

Peut-on maintenant passer du logique au réel, de la *notion* non-contradictoire d'un être sans commencement à la possibilité *réelle* (quoique non réalisée) de son existence ? En effet, il existe à ce passage une difficulté.

A propos de la Trinité, Thomas affirme qu'on ne peut pas démontrer (en pure raison) la nécessité de la Trinité, mais que ce qui apparaît indécidable pour la pure raison est parfaitement déterminé et certain dans la réalité [1] : il y a trois Personnes en Dieu. Bien mieux, il est absolument impossible qu'il n'y ait pas trois Personnes en Dieu. Ainsi, la Trinité est quelque chose de *réellement* nécessaire, et en même temps de *logiquement* non nécessaire (selon une logique purement humaine). « Je ne crois pas qu'un argument démonstratif puisse être apporté par nous à ce propos ; pas plus qu'à la Trinité, quoiqu'il soit impossible que la Trinité ne soit pas [2] ».

Ne pourrait-on envisager, dans le cas de la durée du monde, qu'il existe une telle distorsion (dans le sens inverse de ce que nous venons de dire concernant la Trinité) entre ce qui est *logiquement* possible et ce qui est *réellement* possible : qu'un monde créé sans commencement soit *logiquement* possible, mais ne soit pas *réellement* possible, en vertu d'une cause qui échapperait à la pure raison ? Cause qui, par ailleurs, ne serait pas explicitée dans la Révélation ? Dans cette

---

1. Cf. *Summa theologiae* I, q. 32, a. 1.

2. *Scriptum super libros Sententiarum* II, D. 1, q. 1, a. 5. Et aussi : « Le fait que le monde n'a pas toujours été est tenu seulement par la foi, et ne peut être prouvé démonstrativement, comme il a été dit plus haut concernant le mystère de la sainte Trinité » (*Summa theologiae* I, q. 46, a. 2).

hypothèse, le fait pour Thomas d'affirmer la possibilité *logique* d'un monde créé sans commencement ne serait pas forcément équivalent à l'affirmation de sa possibilité *réelle*.

Cependant, dans les trois textes déjà utilisés en faveur de la possibilité au moins *logique*, comme dans un autre texte fondamental du *Scriptum super libros Sententiarum* [1], Thomas semble bien parler directement du réel, sans s'arrêter au seul concept : en tout cas, rien n'indique une telle restriction à la seule logique. Bien plus, dans le *De Æternitate mundi*, il affirme qu'ici le logique impliquerait nécessairement le réel : « Puisqu'à la toute-puissance de Dieu il appartient d'excéder toute intelligence et toute capacité, il déroge expressément à la toute-puissance de Dieu, celui qui dit que quelque chose peut être pensé des créatures qui ne puisse pas être fait par Dieu [2] ». C'est pourquoi il peut conclure : « La troisième position est celle de ceux qui disent que tout ce qui existe, excepté Dieu, a commencé d'être ; mais que toutefois Dieu aurait pu produire les choses de toute éternité (...). *Et j'adhère à cette position* [3] ».

Le commencement du monde serait-il cependant démontrable ?

Thomas a toujours été extrêmement clair sur sa conviction de fond en ce qui concerne le passé du monde : « La nouveauté du monde ne peut recevoir de démonstration du côté du monde lui-même. Le principe de la démonstration est ce qu'est la chose. Chaque chose, selon la raison même de son espèce, est abstraite du "ici

---

1. *Scriptum super libros Sententiarum* II, D. 1, q. 1, a. 5.
2. *De Æternitate mundi*.
3. *Scriptum super libros Sententiarum* II, D. 1, q. 1, a. 5.

et maintenant" : c'est pourquoi on dit que les universels sont partout et toujours. Donc on ne peut démontrer que l'homme en général, ou le ciel, ou la pierre, n'existe pas depuis toujours. On ne le peut pas plus du côté de la cause agente, qui agit par la volonté. La volonté de Dieu ne peut être scrutée par la raison, sinon en ce qui concerne ce que Dieu veut absolument et nécessairement : mais tel n'est pas le cas de ce qu'il veut concernant les créatures [1] ». Ainsi, l'homme ne peut pas connaître par sa seule raison si le monde a été créé avec un commencement, ou bien de toute éternité.

Aux yeux de Thomas, toutes les « démonstrations » qui prétendent « prouver » par la raison seule que le monde a été créé avec un commencement, ou au contraire sans aucun commencement, sont inefficaces et illusoires voire sottes : « Le fait que le monde ait commencé est de l'ordre du crédible, non de l'ordre du démontrable ou du scientifique [2] ». En revanche, « la volonté divine peut être manifestée aux hommes par une révélation, qui fonde la foi [3] ». Or, la Révélation divine est incontestable sur ce fait : le monde a été créé avec un commencement.

Mais si Dieu a révélé que le monde a été créé avec un commencement, il n'a pas révélé expressément quelle a été la raison de ce choix. L'homme peut-il néanmoins avoir quelque lumière à ce propos, trouver des linéaments de raison permettant de mieux appréhender ce choix de Dieu ? Il s'agit alors d'un retour vers la théologie, puisque Thomas entreprend de réfléchir sur un *fait* (le commencement du monde) qui ne peut être connu que par la Révélation.

1. *Summa theologiae* I, q. 46, a. 2.
2. *Ibid.*
3. *Ibid.*

Rechercher l'intelligence d'un acte divin connu seulement par la Révélation fait entrer dans le domaine de ce qu'il est convenu d'appeler, dans la théologie *ad mentem sancti Thomae*[1], un « argument de convenance ». L'argument de convenance tente de faire comprendre quelque chose du mystère révélé, grâce à des analogies prises de l'expérience humaine et philosophiquement interprétées, analogies qui manifestent le rapport entre l'ordre naturel et l'ordre surnaturel. L'argument de convenance, toutefois, ne démontre pas (le *seul* argument *probant* en théologie est la Révélation divine elle-même), il montre une harmonie. Il n'est donc pas une preuve directe du fait surnaturel : il donne seulement des motifs de penser que ce fait est vrai.

Or, tout en maintenant avec fermeté qu'il est impossible de démontrer par la seule raison le commencement du monde, parce que cela relève de la pure liberté de Dieu, Thomas affirme à plusieurs reprises qu'il existe un argument de convenance en faveur de la création avec un commencement. Il dit, en effet, qu'il est plus convenable[2], qu'il a été convenable à la volonté divine[3], qu'il a été très convenable[4], qu'il a été plus convenable et meilleur[5], qu'il était opportun[6] de créer le monde avec un commencement, plutôt que de le créer de toute éternité. Comme il a été signalé, il est très probable que Thomas a emprunté la substance de cet argument à Maïmonide (Rabbi Moyses).

---

1. Selon l'esprit de saint Thomas.
2. *Summa contra Gentiles* II, c. 35.
3. *Ibid.*
4. *Ibid.* II, c. 38.
5. *Quaestiones disputatae De potentia* q. 3, a. 17.
6. *Compendium theologiae* c. 99.

Du côté de Dieu, le fait que la création ait eu un commencement montre *mieux* que Dieu possède en lui-même une béatitude complète et parfaite, tout à fait indépendante des créatures ; que Dieu n'a aucun besoin des créatures ; qu'il n'est donc nullement obligé de produire les créatures ; qu'il crée ainsi de façon parfaitement libre, ce qui montre qu'il est un agent volontaire ; que, faisant passer du non-être à l'être, il doit forcément posséder une puissance infinie.

Du côté des créatures, le fait que les choses créées aient commencé à un moment manifeste *mieux* qu'elles possèdent toutes une cause qui les a fait exister ; qu'elles sont entièrement et constamment soumises à la volonté et à la puissance de Dieu ; qu'elles dépendent entièrement de lui et ont pour objet de faire connaître leur Auteur.

Et donc, tant du côté de Dieu que de celui des créatures, il était très convenable que Dieu créât le monde avec un commencement. Au contraire, si la création avait été éternelle, sans commencement, il y aurait eu un manque dans l'expression de la bonté divine *au sein de cette création que Dieu a choisi librement et de façon contingente d'amener à l'être* : Dieu n'aurait donc pas réalisé pleinement sa propre volonté.

Thomas n'a jamais varié sur cette question qui lui tient à cœur

Quand d'autres abordent la question de la durée du monde par manière d'acquit, sans s'y attarder, Thomas choisit d'y revenir fréquemment, du début de sa vie de professeur jusqu'à sa fin, avec une belle insistance : et ceci, en soutenant très fermement sa conception « ouverte » d'une création indépendante de toute durée.

Les polémiques à ce propos sont-elles fréquentes et violentes, de la part des tenants (très majoritaires) de la démonstrabilité rationnelle d'un monde créé dans le temps? Thomas n'est nullement alarmé par ce climat passionné, par ces attaques personnelles. Le fait qu'en 1270 commencent à tomber des condamnations officielles qui visent à exclure du champ de la recherche universitaire toute affirmation de la possibilité d'un monde créé sans commencement ne l'effraye pas, non plus que les soupçons jetés sur son orthodoxie. Il n'hésite d'ailleurs pas à polémiquer lui-même contre ceux qui voudraient l'empêcher, au nom d'une foi mal comprise, de défendre les droits de la raison sur ce point.

Ce n'est pas à dire que Thomas ait conservé une position absolument figée à propos de la durée du monde. En vérité, au cours de sa vie, il a évolué sur certains points. Il s'est ainsi libéré progressivement de sa dépendance vis-à-vis des auteurs précédents, en réduisant peu à peu leurs citations. Il a oscillé dans son vocabulaire, utilisant plusieurs expressions parallèles pour exprimer la durée d'une créature sans commencement, comme : « *ab aeterno* » ; « *coaeternus* » ; « *aeternus* » ; « *aeternitas mundi* » ; « *semper fuisse* » ; « *sempiternus* » ; « *perpetuus* » ; « *numquam non fuisse* » ; « *non habere durationis principium* », etc. Il a hésité sur la possibilité d'un infini en acte : dans la première partie de sa vie (*Scriptum super libros Sententiarum, Summa contra Gentiles*), il laisse entendre que ce n'est pas impossible à certaines conditions ; puis il consacre un article de la *Summa theologiae* à essayer de démontrer que c'est dans tous les cas impossible[1] ; enfin, à l'issue de sa carrière

---

1. *Summa theologiae* I, q. 7, a. 4.

(*De Æternitate mundi*), il se demande de nouveau si cela ne serait pas possible. Il a changé nettement de perception en ce qui concerne la doctrine d'Aristote sur la durée du monde[1]. D'une façon plus générale, il a pu au cours de sa vie mettre de côté certains arguments d'abord utilisés, en approfondir et préciser d'autres, en ajouter quelques-uns.

Mais, et c'est là que la chose devient passionnante, dès son premier grand texte, le *Scriptum super libros Sententiarum*, Thomas a établi ses positions de base et défini ses intuitions maîtresses concernant la durée du monde. Et, de cette première œuvre à sa dernière[2], en dépit des changements susdits, il a toujours conservé le même cap fondamental. Pour lui, quoi qu'il arrive, quoi qu'on en dise, il y aurait réellement eu *possibilité* d'un monde sans commencement, même s'il ne disjoint jamais cette affirmation d'un clair rappel de la *réalité* (enseignée par la foi) d'un monde créé avec un commencement. Il soutient mordicus que cette hypothèse est parfaitement envisageable d'un point de vue philosophique, et pleinement orthodoxe du point de vue de la foi : « On sait avec quelle tenace assurance saint Thomas d'Aquin a enseigné, au grand scandale des *murmurantes*, qu'un

---

1. Dans la *Sentencia super Physicam* et la *Sentencia super Metaphysicam*.

2. Ce n'est toutefois pas le seul point où ses premières options furent aussi les dernières. Par exemple : « Contrairement à saint Bonaventure, et même à saint Albert, ses contemporains (…), Thomas a une conception clairement dualiste des rapports de l'Église et de la société et il ne variera jamais sur ce sujet » (J.-P. Torrell, *Initiation à saint Thomas d'Aquin – Sa personne et son œuvre*, nouvelle édition, Paris, Cerf, 2015, p. 34).

"commencement" du monde n'est pas inclus dans l'intelligibilité de la création [1] ».

Cette fermeté est d'autant plus intéressante que, par rapport à son époque et à son milieu, sa position de fond est assez originale, même si elle trouve en partie son fondement chez des auteurs antérieurs, notamment Maïmonide (Rabbi Moyses).

Qu'affirme exactement Thomas, en résumé ?

Pour bien comprendre la position complète de Thomas à propos de la durée du monde, il faut garder à l'esprit qu'il vise en même temps deux thèses : celle des « temporalistes », qui prétendent démontrer par la raison seule que le monde a obligatoirement eu un commencement ; celle des « éternalistes », partisans de la démontrabilité rationnelle d'un monde nécessairement sans commencement.

Or, face à ces deux affirmations d'une possibilité de démonstration purement rationnelle concernant la durée effective du monde (sans commencement pour les « éternalistes », avec commencement pour les « temporalistes »), Thomas répond qu'en réalité une telle preuve n'existe pas et ne peut exister. La raison se révèle impuissante à statuer seule, soit que le monde serait forcément éternel (d'autant que c'est faux, puisque de fait il possède un commencement), soit que le monde posséderait forcément un commencement.

En réalité, l'homme ne peut atteindre, par la seule raison, de certitude démonstrative sur ce sujet, qui

---

1. M.-D. Chenu, « Création et histoire », in A. Maurer (dir.), *St. Thomas Aquinas – 1274-1974 – Commemorative Studies*, Toronto, Pontifical Institute of Mediaeval Studies, 1974, II, p. 391.

échappe donc à ses prises. Ceci, parce que la durée du monde dépend exclusivement de la volonté libre de Dieu, qu'aucune créature ne peut, par ses propres ressources, appréhender en elle-même, car Dieu seul connaît naturellement les décisions de sa liberté. Par ailleurs, cette durée n'étant pas inscrite dans la structure du monde créé, l'intelligence ne peut non plus l'y découvrir. Ne pouvant connaître cette durée du monde ni dans sa cause, ni dans son effet, la pure raison est condamnée à rester dans l'obscurité sur ce point.

Le seul moyen pour une intelligence créée de connaître la durée effective du monde serait donc une libre révélation (hypothétiquement conçue par le philosophe) que lui en ferait Dieu lui-même. Or, il est de fait, dit Thomas, qu'une révélation a eu lieu, et elle nous a appris que le monde a réellement été créé dans le temps, et non pas sans commencement. C'est donc par la foi, réponse à la Révélation divine, et uniquement par la foi, que l'homme peut savoir que le monde a effectivement commencé.

Ainsi, sur la question de la connaissabilité rationnelle de la durée effective du monde, Thomas professe un net agnosticisme. Cette position agnostique, cette conviction de l'*impossibilité* de démontrer de façon purement rationnelle que le monde a commencé ou n'a pas commencé, n'est toutefois pas une affirmation isolée : elle s'articule avec un *fait*, connu par une révélation que Dieu en a donné, celui que la création a eu réellement un commencement, ainsi qu'avec une *nécessité*, celle de croire par la foi, et uniquement par elle, que le monde a effectivement commencé. Il s'agit donc d'un ensemble doctrinal cohérent, qui décrit de façon minutieuse la façon dont l'homme appréhende la durée du monde.

C'est cette position agnostique, avec sa complexité, que décrit Cyrille Michon dans un beau passage où il n'hésite pas à comparer la démarche intellectuelle de Thomas à celle de Kant : « Bien que croyant à une création *ab initio temporis*, et donc à un âge fini de l'univers créé, Thomas a constamment défendu la thèse selon laquelle la raison était incapable de démontrer l'éternité et le commencement du monde. (…) Thomas croit et professe le commencement du monde, qui n'est donc pas, comme pour Kant, *incroyable*, parce que *impossible*. Pour Thomas, le commencement du monde est *croyable* parce qu'il est *possible*, et il est objet de foi parce qu'il est *révélé*, et donc qu'il est *réel*. Mais l'éternité du monde est également possible. S'il conclut à un agnosticisme de la raison philosophique, c'est parce que les deux thèses sont également possibles, et non, comme Kant, parce qu'elles sont également impossibles. Pour Thomas, Dieu était libre de faire un monde fini ou infini, la durée ou l'âge du monde dépend de la volonté de Dieu, et aucun argument ne permet de déduire ce que Dieu veut : ne le sait que celui à qui Dieu révèle sa volonté [1] ».

La liberté de Dieu dans sa création

Au cœur de cette position agnostique, de ce rejet des deux solutions antagonistes, celles des « temporalistes » comme celle des « éternalistes », se trouve la question de la liberté de Dieu dans sa création.

Pour Thomas, c'est une certitude indubitable (et démontrable par la raison seule) que Dieu a créé *ex nihilo*. Mais cette intervention divine implique-t-elle

---

1. C. Michon (dir.), *Thomas d'Aquin et la controverse sur l'éternité du monde*, Paris, Flammarion, 2004, p. 24-25.

forcément une relation définie avec la durée ? Selon ses adversaires, la réponse est positive, même si c'est en deux sens contraires. Pour les « temporalistes », la création *ex nihilo* est forcément *post nihilum*, donc possède un commencement. Pour les « éternalistes », un Dieu éternel créé forcément dans l'éternité. Mais Thomas rejette vigoureusement ces deux lignes d'argumentation.

Dire que Dieu, s'il crée *ex nihilo*, doit forcément créer *post nihilum*, c'est-à-dire avec un commencement, c'est pour Thomas réduire la puissance divine. En effet, note-t-il, « tous reconnaissent » que si Dieu était un agent éternel créant de façon nécessaire, la création serait forcément éternelle, car elle suivrait nécessairement le mode d'être de Dieu. D'autre part, un agent libre, étant d'une nature plus élevée qu'un agent simplement naturel qui agit nécessairement, peut évidemment faire *davantage* que cet agent naturel : ce qui signifie a fortiori qu'il peut aussi faire *au moins autant* que cet agent naturel. Donc Dieu, agent libre, peut faire autant que ce que « tous reconnaissent » à un Dieu supposé agent naturel agissant nécessairement, à savoir une création éternelle. Refuser à Dieu la *possibilité* de créer un monde éternel, c'est donc abaisser sans motif et sans respect la causalité divine libre en dessous même de la causalité naturelle et nécessaire.

D'un autre côté, dire qu'un Dieu éternel doit *forcément* créer dans l'éternité, c'est retirer à son action le caractère volontaire et libre. Thomas rappelle sans cesse à ce propos les conditions d'exercice de la volonté : cette dernière, non seulement décide d'une action, mais de plus détermine les circonstances de cette action, et notamment le temps où cette action aboutira à son effet. Affirmer que l'action divine créatrice est *forcément* éternelle, c'est donc reléguer la causalité divine libre au simple niveau de la causalité naturelle et nécessaire.

Mais l'on comprend, par ce parallèle, pourquoi Thomas est plus virulent contre les « temporalistes » (des chrétiens pourtant, et vivants) que contre les « éternalistes » (des païens, morts et enterrés depuis des siècles) : ces derniers, certes, ne parviennent pas à monter jusqu'à la liberté de la causalité divine ; mais les premiers, croyant honorer le Créateur, l'abaissent en réalité pour leur part au-dessous de la causalité naturelle la plus élémentaire, celle dont l'effet suit sans difficulté l'existence de la cause. Et c'est parce qu'il refuse une telle conséquence que Thomas parle de façon parfois si tranchante des « temporalistes ».

En réalité, pour Thomas, la création divine, action transcendante et libre, est totalement indépendante de la durée. Dieu aurait pu créer un monde sans commencement, « éternel » en un sens analogique, de même qu'il a pu créer un monde qui possède un commencement, un monde « dans le temps » (c'est-à-dire un monde où l'être et le temps sont créés simultanément). Seule sa liberté était en jeu dans ce choix éternel.

Thomas se bat donc pour que la création divine reste ce qu'elle est : une action absolument volontaire et libre, qui ne rend aucunement Dieu dépendant de sa créature, ni non plus étranger à elle.

Métaphysique de la création

Au départ, la question de la durée du monde pourrait sembler vraiment minime et anecdotique : le monde ayant certainement été créé avec un commencement, s'interroger sur *ce qui aurait pu se passer*, sur la *possibilité* tout à fait hypothétique (car ne devant jamais se réaliser) d'un monde sans commencement paraît d'un mince intérêt, d'une utilité fort contestable. Pourtant Thomas,

qui n'a pas l'habitude de perdre son temps, y est revenu
avec insistance tout au long de sa carrière, nonobstant
les contradictions, les menaces voire les condamnations.
Cette pertinacité ne peut être sans signification.

Ce qui motive Thomas dans ce retour perpétuel sur une
question apparemment marginale, c'est sans aucun doute
le lien de cette dernière avec la doctrine de la création,
centrale, elle, dans sa réflexion et son œuvre. La question
de la durée du monde est comme le « révélateur », la
contre-épreuve de ce qu'on dit, ou prétend dire, de l'acte
créateur.

En vérité, ce que Thomas reproche aux « temporalistes », ce qui le fait s'opposer frontalement à eux
sur cette question de la possibilité d'un monde créé sans
commencement, c'est d'avoir une notion encore trop
physique de cette action divine créatrice, de l'assimiler
peu ou prou à un mouvement. Tel est le vrai point de
divergence caché entre eux et lui, beaucoup plus que de
savoir si un monde sans commencement aurait été possible.
Thomas estime en réalité que, pour les « temporalistes »,
il y a dans le « à partir du rien » un « après le rien », dans
le « *ex* » un « *post* », dans l'action divine une durée sous-
jacente et finalement, même sans le percevoir, dans la
création une certaine forme de mouvement.

Or, précisément, pour Thomas, la création n'est
d'aucune manière un mouvement. Quelques textes
choisis suffiront à le rappeler : « La création n'est
pas une réalisation qui serait à proprement parler une
mutation[1] » ; « Il est manifeste que cette action de Dieu
qui existe sans matière préexistante et qui est appelée
"création" n'est, à proprement parler, ni un mouvement

---

1. *Scriptum super libros Sententiarum* II, D. 1, q. 1, a. 2.

ni une mutation[1] »; « Il apparaît donc à partir de ce qui vient d'être dit que toute création se présente sans succession. Car la succession est propre au mouvement. Or la création n'est pas un mouvement, ni non plus le terme d'un mouvement, comme l'est la mutation. Donc il n'y a dans la création aucune succession[2] »; « La création n'est pas un mouvement, sinon seulement selon notre mode de comprendre[3] »; « La production universelle de l'être par Dieu n'est ni un mouvement, ni une mutation, mais elle est une simple émanation[4] ».

En réalité, pour Thomas, la création n'est qu'une relation entre le Créateur et la créature, entre la créature et le Créateur : « La création peut être prise de façon active ou de façon passive. Si on la prend de façon active, puisque la création signifie une opération divine, qui est sa propre essence avec une certaine relation : alors la création est la substance divine elle-même. Si on la prend de façon passive, alors elle est un accident dans la créature, et elle désigne une certaine réalité, non pas dans le prédicament "passion", au sens propre, mais dans le genre "relation"[5] »; « La création peut être prise activement ou passivement. Si on la prend de façon active, alors elle désigne l'action de Dieu, qui est son essence avec une relation à la créature ; relation qui n'est pas une relation réelle, mais seulement selon la raison. Si on la prend de façon passive, puisque la création, ainsi

1. *Summa contra Gentiles* II, c. 17.
2. *Ibid.* Les titres des deux questions de la *Summa contra Gentiles* sur ce point sont d'ailleurs éloquents : « La création n'est ni un mouvement, ni une mutation » (chapitre 17) ; « Dans la création, il n'y a pas de succession » (chapitre 19).
3. *Summa theologiae* I, q. 45, a. 2.
4. *Sententia super Physicam* VIII, lectio 2.
5. *Scriptum super libros Sententiarum* II, D. 1, q. 1, a. 2.

qu'il a été dit précédemment, à proprement parler n'est pas une mutation, on ne peut pas dire qu'elle soit quelque chose dans le genre "passion", mais elle se situe dans le genre "relation"[1] »; « La création n'est réellement rien d'autre qu'une certaine relation à Dieu avec une nouveauté d'existence[2] »; « Comme l'action et la passion conviennent dans une seule substance de mouvement, et diffèrent seulement selon des rapports différents, comme il est dit au troisième livre des *Physiques*, il faut que, le mouvement étant enlevé, ne restent dans le Créateur et dans la créature que les diverses relations[3] ».

Si cette relation est réelle du côté de la créature, elle est seulement de raison du côté de Dieu : « Quand la créature est référée au Créateur, il faut dire que dans la créature une relation est fondée réellement, mais seulement selon la raison en Dieu[4] »; « Dans toutes les choses qui sont constituées selon un rapport à une autre chose, et dont l'une dépend de l'autre mais non l'inverse, dans celle qui dépend de l'autre, on trouve une relation réelle, et dans l'autre une relation selon la raison seulement : comme on le voit dans la science et le connaissable, selon que le dit le Philosophe. Selon son nom même, la créature est reliée par un rapport au Créateur. La créature dépend en effet du Créateur, et non l'inverse. Il faut donc que la relation qui relie la créature au créateur soit réelle ; mais en Dieu, il n'existe qu'une relation selon la raison. Et cela, le Maître des Sentences le dit explicitement[5] ».

En soi, être créé signifie donc seulement être constitué par une relation réelle de dépendance absolue vis-à-vis

---

1. *Quaestiones disputatae De potentia* q. 3, a. 3.
2. *Ibid.*
3. *Summa theologiae* I, q. 45, a. 2.
4. *Scriptum super libros Sententiarum* II, D. 1, q. 1, a. 2.
5. *Quaestiones disputatae De potentia* q. 3, a. 3.

de Dieu. Avec cette définition thomasienne, « la création peut être démontrée rationnellement, et les philosophes l'ont admise[1] ». Mais, comme on le voit, cette définition n'implique aucun temps, aucune durée particulière : si un étant dépend de façon absolue de Dieu, quelle que soit sa durée, cet étant est créé.

Pour Thomas, il y a nécessairement un « *ex nihilo* » dans la création, dans la mesure où l'étant créé dépend de Dieu dans le plus intime et le plus profond de son être : rien en lui n'échappe à cette action divine créatrice, autrement dit ce qui en lui ne vient pas de Dieu n'est rien, est le rien, le *nihil*. En revanche, il n'y a aucune nécessité d'un « *post nihilum* », car aucun rapport au temps, à la durée, n'est impliqué dans la notion de création. Dieu peut avoir fait dépendre entièrement un être de lui depuis une minute, ou depuis un million de siècles, ou depuis toujours, cela ne change pas cette dépendance absolue dans l'être.

C'est pourquoi, estime Thomas, il faut défendre fermement la possibilité pour Dieu de créer sans aucun commencement, ou à tout le moins la non-obligation de créer avec un commencement. Même si le choix libre de Dieu a été de créer avec un commencement, ce choix n'était pas nécessairement impliqué par le fait même de créer.

La création, contrairement à ce que croient les « temporalistes » (quelquefois en étant persuadés d'y échapper), n'est pas une réalité physique, qui aurait un lien quelconque avec une durée quelconque, mais bel et bien une réalité exclusivement métaphysique : une relation dans l'être entre Dieu et sa créature, relation qui structure cette dernière sans rien ajouter à Dieu.

---

1. *Scriptum super libros Sententiarum* II, D. 1, q. 1, a. 2.

Marie-Dominique Chenu est sans doute celui qui a le mieux caractérisé ce cœur de la démarche thomasienne : « Le *De Aternitate mundi* (1270 ou 1271) fait face aux adversaires opposés, les théologiens dits augustiniens, très attachés, comme les Pères, à la doctrine d'une création temporelle, dans laquelle ils voyaient le critère décisif et nécessaire d'une conception chrétienne de l'univers et d'une foi en un Dieu Providence, contre les philosophes païens. Nous sommes ici à la pointe la plus avancée de l'analyse métaphysique de saint Thomas, où il décante la relation de créature à Créateur non seulement de toute imagerie, mais de toute interférence "historique" : le temps et le mouvement rendent certes sensible l'état de créature, mais la contingence s'inscrit dans la créature beaucoup plus profondément que ces fragilités temporelles. Le problème fondamental n'est pas celui des phénomènes de la nature, c'est celui de l'être [1] ».

Agnostique et rebelle

Nous croyons que toute la réflexion de Thomas sur la possibilité d'un monde créé sans commencement s'enracine dans cette métaphysique de la création. Parce que la création n'est aucunement un mouvement, mais seulement une relation d'être, il est impossible de la lier nécessairement à une durée.

Et s'il n'y a pas de lien nécessaire entre création et durée, il est en conséquence impossible de démontrer par la raison seule que le monde aurait été sans commencement, ou au contraire aurait eu un commencement. N'étant nullement impliqué dans la création en tant que telle, ce fait (d'un commencement ou d'un non-

---

1. M.-D. Chenu, *Introduction à l'étude de saint Thomas d'Aquin*, Paris, Vrin, 1950, p. 289.

commencement) ne dépend, en réalité, que de la libre volonté de Dieu, qui n'est connue naturellement que de Dieu, et surnaturellement de ceux à qui Dieu le révèle et qui accueillent cette révélation par la foi.

Prétendre, comme les « temporalistes », que le monde a forcément eu un commencement, c'est soit réduire la capacité libre de Dieu, en mettant le Créateur au-dessous de la cause naturelle la plus ordinaire, celle dont l'effet suit sans difficulté son mode d'être ; soit assimiler subrepticement la création à un mouvement ou à une mutation, détruisant sa spécificité de pure relation dans l'être. Dans tous les cas, c'est altérer son caractère transcendant, ce don de l'être à partir de rien, que seul l'Être par soi est capable de réaliser[1], et ceci de façon absolument libre.

C'est donc essentiellement pour préserver la vérité la plus profonde de la création que Thomas s'acharne à repousser systématiquement la prétention (des « éterna-listes » aussi bien que des « temporalistes ») à imposer des « obligations » à Dieu sur ce point. Son agnosticisme bien motivé conditionne à l'évidence sa rébellion contre tous ceux qui voudraient mettre des limites à la liberté créatrice. Qu'importe l'opinion dominante, qu'importent les contradictions, les injures et les menaces ! Une seule chose compte, la vérité sur Dieu, et sur cet attribut fondamental de Dieu, la création, puisque c'est à travers cet attribut, et lui seul, que nous pouvons le connaître et monter vers lui par l'échelle des créatures.

---

1. Tous les exposés de Thomas sur la création comportent ainsi la question « Est-ce que créer convient à d'autres qu'à Dieu ? » (*Scriptum super libros Sententiarum* II, D. 1, q. 1, a. 3), autrement dit « Appartient-il à Dieu seul de créer ? » (*Summa theologiae* I, q. 45, a. 5).

Céder sur la possibilité d'un monde créé sans commencement, même si un tel monde n'existe pas et n'existera jamais, ce serait ouvrir une brèche dans la liberté de Dieu, ce serait limiter le pouvoir créatif divin. Cette éventualité est insupportable à Thomas ; et même si cette hypothèse d'un monde créé sans commencement n'a pas une grande importance en soi, elle en prend une en raison de ce lien avec la création. C'est donc à ce titre, à notre avis, que Thomas lui a consacré autant de son précieux temps et de son énergie.

Puisqu'on peut penser une créature qui n'aurait eu aucun commencement, et ce même si c'est d'une manière à peine intelligible[1], alors Dieu aurait certainement pu le faire, « puisqu'il déroge expressément à la toute-puissance de Dieu, celui qui dit que quelque chose peut être pensé des créatures qui ne puisse pas être fait par Dieu[2] ». C'est pourquoi nous estimons que Thomas, dans cette optique de protéger et préserver la toute-puissance divine dans la relation créatrice, a exprimé le fond de sa pensée lorsqu'il a affirmé, tôt dans sa carrière mais sans jamais se déjuger ensuite : « La troisième position est celle de ceux qui disent que tout ce qui existe, excepté Dieu, a commencé d'être ; mais que toutefois Dieu aurait pu produire les choses de toute éternité (…). *Et j'adhère à cette position*[3] ».

---

1. *Summa theologiae* I, q. 46, a. 2 : « L'opinion des philosophes qui ont posé l'éternité du monde se partage en deux. Certains ont posé que la substance du monde ne provient pas de Dieu. Leur erreur est intolérable, et on peut la réfuter de façon nécessaire. Les autres ont posé que le monde était éternel, mais que ce monde, pourtant, avait été fait par Dieu. Ils veulent que le monde ait eu, non pas un commencement dans le temps, mais un commencement dans la création, en sorte qu'il soit toujours fait, mais d'une manière à peine intelligible ».

2. *De Æternitate mundi.*

3. *Scriptum super libros Sententiarum* II, D. 1, q. 1, a. 5.

PRÉSENTATION DU DOSSIER TEXTUEL

Thomas s'est attardé sur la question de la durée du monde dans onze de ses œuvres [1]. Il a, en effet, abordé ce problème dans le *Scriptum super libros Sententiarum* (II, D. 1, q. 1, a. 5), dans la *Summa contra Gentiles* (II, c. 31 à 38), dans le *Compendium theologiæ* (I, chapitres 98 et 99), dans les *Quaestiones disputatae De potentia* (q. 3, a. 14 et 17), dans la *Summa theologiae* (I, q. 46, a. 1 et 2, ainsi que q. 61, a. 2), dans la *Sentencia super Physicam* (livre VIII, lectio 2), dans les *Quaestiones de quolibet* (III, question 14, article 2, et XII, question 5, article 1), dans l'opuscule *De Æternitate mundi*, dans le *Super Librum De Causis* (lectio 11) et dans la *Sentencia super librum De caelo et mundo* (I, lectio 6). Il s'agit donc d'un corpus relativement volumineux, et cette insistance est significative.

Une difficile chronologie

La chronologie des écrits de Thomas, très utile pour bien rendre compte de la question de la durée du monde dans son œuvre, et notamment pour essayer de déceler une éventuelle évolution de sa pensée, demeure cependant grevée d'un certain nombre de difficultés,

---

1. En se cantonnant, bien sûr, aux œuvres qui nous restent et sont considérées comme authentiques par les spécialistes.

irrésolues malgré de nombreux travaux érudits : certaines publications restent encore aujourd'hui malaisées à situer avec précision dans la carrière de Thomas. Pour présenter cependant une chronologie acceptable des textes de Thomas concernant cette question de la durée du monde, nous avons utilisé les données fournies par l'un de ses meilleurs spécialistes actuels, Jean-Pierre Torrell[1]. Voici donc le calendrier qu'avance Torrell concernant ces œuvres :

1252-1256	*Scriptum super libros Sententiarum*
1261-1262	*Summa contra Gentiles* II
1261-1265	*Compendium theologiae* I : *De fide*
1265-1266	*Quaestiones disputatae De potentia*
1265-1267	*Summa theologiae* Ia q. 1 à 74
1268-1270	*Sententia super Physicam*
1268-1272	*Quaestiones de Quolibet* I à VI, et XII
1271 (?)	*De Æternitate mundi*
1272-1273	*Super Librum De Causis*
1272-1273	*Sententia super librum De caelo et mundo*

L'ordre selon lequel nous proposons les textes de Thomas suit donc cette chronologie.

L'origine des textes

Concernant le texte latin, nous avons utilisé systématiquement l'édition critique, lorsqu'il en existait une. Malheureusement, cela ne concerne que cinq œuvres sur onze, et pas les plus importantes : il s'agit du *Compendium theologiae*, des deux *Quaestiones de Quolibet*, du *De Æternitate mundi* et du *Super librum De*

---

1. J.-P. Torrell, *Initiation à saint Thomas d'Aquin – Sa personne et son œuvre*, nouvelle édition, Paris, Cerf, 2015, p. 421-424. *Cf.* également « Cronologia », *in* P. Porro, *Tommaso d'Aquino. Un profilo storico-filosofico*, Roma, Carocci, 2012, p. 517-523.

Causis expositio. La grande édition critique de Thomas, réalisée par la Commission léonine[1] et commencée depuis 1880, avance en effet d'un pas de sénateur et n'a proposé jusqu'ici qu'une partie de l'œuvre thomasienne.

Lorsqu'il n'existait pas d'édition critique, et pour éviter de puiser à droite ou à gauche, au risque de se trouver face à des textes disparates, nous avons utilisé le dernier état des textes, le mieux établi en dehors d'une édition critique, en recourant pour cela au site internet *Corpus thomisticum*[2], projet d'édition électronique des œuvres de Thomas soutenu par l'Université de Navarre et la Fundación Tomás de Aquino (professeur Enrique Alarcón Moreno), et complété par l'*Index thomisticus* dressé par le jésuite Robert Busa à partir des années 50 avec l'aide d'IBM, ainsi que par divers autres instruments de travail (anciennes biographies de Thomas, catalogues médiévaux, etc.). Le *Corpus thomisticum*, en fait, met à la disposition des chercheurs l'édition actuelle la mieux assurée, par exemple, pour le *Scriptum super libros Sententiarum*, le texte Mandonnet-Moos publié par Lethielleux entre 1929 et 1947.

Les choix de traduction

Nous présentons ci-après la traduction de ces onze œuvres : c'est donc la première fois que les textes de Thomas relatifs à la durée du monde sont présentés en français dans une version complète, systématique et cohérente.

---

1. *Cf.* par exemple C. Luna, « L'édition léonine de saint Thomas d'Aquin : vers une méthode de critique textuelle et d'ecdotique », dans R. Imbach, A. Oliva (dir.), *La Commission Léonine – Philologie et histoire au service de la pensée*, Paris, Vrin, 2005, p. 31-110.

2. http://www.corpusthomisticum.org.

Dans la mesure où le présent travail a un but doctrinal et scientifique, qu'elle vise à faire entrer le lecteur dans la pensée même de Thomas, autant du moins qu'il est possible, la traduction que nous proposons a opté volontairement pour un certain parti pris de littéralité, qui ne conviendrait pas pour un texte aux ambitions plus littéraires. En particulier, lorsque les phrases sont spécialement subtiles d'un point de vue logique, cette correspondance verbale entre le français et le latin permet de mieux percevoir le découpage des propositions énoncées.

De la même façon, nous n'avons pas recouru à ces simplifications que, pour des raisons littéraires tout à fait légitimes, les traductions destinées au grand public et à la lecture courante se permettent communément : par exemple, la suppression de certaines formules purement scolastiques et répétitives qui n'apportent en soi rien au sens et à la compréhension, mais qui sont commandées par la forme obligée de l'ouvrage. Nous avons pour notre part cherché à traduire tous les mots de Thomas.

Pourtant, malgré cette volonté d'un certain littéralisme, nous avons essayé de rendre le texte français le plus fluide possible, pour aider le lecteur à entrer avec le moins de difficulté dans un exposé scolastique portant sur des points fort subtils de philosophie et de théologie.

Lorsque le français réclamait un terme qui ne se trouve pas explicitement dans l'original latin, celui-ci a été mis entre crochets à angle aigu, afin qu'on puisse clairement distinguer ce qui provient directement du latin de ce que le traducteur a dû ajouter pour que le sens original soit correctement restitué en français. En revanche, lorsque, rarement d'ailleurs, l'ajout constitue une hypothèse (fondée) de la part du traducteur, mais non strictement induite par le texte authentique, celui-ci a été mis entre crochets à angles droits.

La ponctuation sert en soi à « ponctuer » le texte, c'est-à-dire à le découper visuellement pour qu'il puisse être plus facilement déclamé ou lu. La ponctuation dans le latin médiéval n'est, pour sa plus grande part, nullement commandée par les manuscrits, puisque ceux-ci ne la connaissaient pour ainsi dire pas : les signes diacritiques ne sont apparus que progressivement, et c'est seulement au XVIII e siècle que la ponctuation, telle que nous la connaissons, a été définitivement mise au point. Ce découpage des textes de Thomas a donc, en réalité, été ajouté par les éditeurs, à partir du sens du texte latin et du déroulement de la phrase latine, pour permettre de mieux comprendre les mots et la pensée. Nous avons décidé, chaque fois que cela semblait opportun et utile, d'adapter la ponctuation à notre façon française de lire, comme nous adoptons la phrase latine à la façon française d'écrire ou de parler. Ainsi que l'écrivait Thomas lui-même dans le *Prœmium* du *Contra errores Graecorum*, « il appartient à l'office du bon traducteur de conserver le sens de ce qu'il traduit, tout en changeant le mode d'expression en fonction du style propre de la langue dans laquelle il traduit [1] ».

Également, lorsque le temps du verbe latin n'avait pas un sens précis, mais correspondait simplement à la manière latine (ou thomasienne) d'écrire, et que sa traduction littérale aurait inutilement suscité la surprise du lecteur français par son incongruité, nous nous sommes

---

1. *S. Thomae Aquinatis doctoris angelici Opuscula theologica – volumen I, De re dogmatica et morali, cura et studio P. Doct. Fr. Raymundi A. Verardo*, Torino-Roma, Marietti, 1954, p. 317.

permis de choisir le temps verbal qui s'accordait le mieux à la manière française d'écrire et de lire la phrase.

Enfin, on voudra bien noter que les textes latins qui ne sont pas traduits ci-après, et qui sont cités dans cet ouvrage, ont également tous été traduits par nos soins.

TEXTES DE THOMAS D'AQUIN

SCRIPTUM SUPER LIBROS SENTENTIARUM
II, D. 1, q. 1, a. 5

Source : faute d'une édition critique, ce texte est traduit à partir de celui proposé par le site internet *Corpus thomisticum*.

Le monde est-il éternel ?

Au cinquième <point>, on procède ainsi.

Il semble que le monde soit éternel ; et en ce sens peuvent être apportées des raisons prises de quatre <origines> : à savoir de la substance du ciel, du temps, du mouvement, et de l'agent ou moteur.

A partir de la substance du ciel, <on argumente> ainsi.

1 – Tout ce qui est inengendré et incorruptible est <depuis-> toujours et sera toujours. Mais la matière première est inengendrée et incorruptible : car tout ce qui est engendré est engendré à partir d'un sujet, et ce qui est corrompu est corrompu dans un sujet ; mais il n'y a aucun sujet de la matière première. Donc la matière première est <depuis-> toujours et sera toujours. Mais la matière n'est jamais dépouillée de la forme. Donc, de <toute> éternité la matière a été perfectionnée par ses formes, par lesquelles les espèces sont constituées ; donc l'univers a existé de <toute> éternité, lui dont ces espèces sont

les parties. Et tel est l'argument d'Aristote au premier <livre> des *Physiques*.

2 – En outre, ce qui n'a pas de contraire n'est ni corruptible ni engendrable ; parce que la génération se fait à partir du contraire, et la corruption <se fait> vers le contraire. Mais le ciel n'a pas de contraire, puisque rien n'est contraire à son mouvement. Donc le ciel n'est ni engendrable ni corruptible ; donc il a toujours été et il sera toujours. Et tel est l'argument du Philosophe au premier <livre du traité> *Du ciel et du monde*.

3 – En outre, selon la position de la foi, la substance du monde est posée comme incorruptible. Mais tout ce qui est incorruptible est inengendré. Donc le monde est inengendré : donc il a toujours été. Moyen de preuve : tout ce qui est incorruptible a la capacité d'être toujours. Mais ce qui a la capacité d'être toujours ne se trouve pas quelquefois être un étant et quelquefois être un non-étant ; car il s'ensuivrait qu'il serait simultanément étant et non-étant : or quelque chose est un étant pendant tout le temps que sa capacité d'être l'en détermine ; d'où, s'il a la capacité d'être en tout temps, il est <effectivement> en tout temps ; et ainsi, s'il est posé quelquefois comme n'étant pas, il s'ensuit qu'en même temps il est et n'est pas. Donc aucun incorruptible n'est quelquefois un étant et quelquefois un non-étant. Or tout engendrable est tel. Donc, etc. Et tel est l'argument du Philosophe au premier <livre du traité> *Du ciel et du monde*.

4 – En outre, tout ce qui est en un endroit où, auparavant, il n'y avait rien, est dans un <endroit> qui auparavant était vide : car le vide est ce dans quoi peut être un corps, alors qu'il n'y a rien en ce lieu. Mais si le monde est fait à partir de rien, là où maintenant est le monde, il n'y avait rien auparavant. Donc, avant le monde, il y avait

le vide. Mais que le vide soit est impossible, comme il est prouvé au quatrième <livre> des *Physiques*, et comme de multiples expériences sensibles démontrent, grâce à de multiples dispositifs faits pour cela, que la nature ne supporte pas le vide. Donc il est impossible que le monde ait commencé. Et tel est l'argument du Commentateur au troisième <livre du traité> *Du ciel et du monde*.

De même, on peut argumenter ainsi du côté du temps.

5 – Tout ce qui est toujours dans son principe et dans sa fin, a toujours été et sera toujours : parce que après le principe, et avant la fin, il y a quelque chose. Mais le temps est toujours dans ce qui est le principe du temps et sa fin ; car rien n'existe du temps sinon l'instant, dont la définition est qu'il est la fin du passé et le principe du futur. Donc il semble que le temps a toujours été, et qu'il sera toujours. Et tel est l'argument du Philosophe au huitième <livre> des *Physiques*.

6 – En outre, tout ce qui ne peut jamais être démontré comme stable, mais toujours comme passant, a quelque chose avant lui d'où il passe. Mais l'instant ne peut être démontré comme stable, comme le point, mais toujours comme passant : car toute la raison du temps est dans le flux et la succession. Donc il faut avant n'importe quel instant poser un autre instant ; donc il est impossible d'imaginer que le temps ait eu un premier instant ; donc le temps a toujours existé, et ainsi comme plus haut. Et tel est l'argument du Commentateur au même endroit.

7 – En outre, le Créateur du monde, soit précède le monde seulement par la nature, soit également par la durée. Si c'est par la nature seulement, comme la cause <précède> l'effet ; alors, aussi longtemps qu'il a été créateur, la créature a existé ; et ainsi le monde est de

<toute> éternité. Si c'est par la durée ; l'antérieur et le postérieur dans la durée causent la raison <même> de temps ; donc avant le monde dans son ensemble fut le temps ; et cela est impossible : parce que le temps est un accident du mouvement, et il n'est pas sans mouvement. Donc il est impossible que le monde n'ait pas été <depuis> toujours. Et tel est l'argument d'Avicenne dans sa *Métaphysique*.

La même chose peut être montrée du côté du mouvement.

8 – Il est en effet impossible qu'une nouvelle relation existe entre certaines choses sans qu'une certaine mutation se fasse concernant l'une d'elles : comme cela apparaît dans la qualité ; des choses ne deviennent pas nouvellement égales, sans que l'une des deux n'augmente ou ne diminue. Mais tout mouvement comporte une relation du mouvant au mû, qui les oppose relativement. Donc il est impossible qu'il y ait un nouveau mouvement, si ne précède pas quelque mutation dans le mouvant ou dans le mû : comme le fait que l'un s'approche de l'autre, ou quelque chose de tel. Donc avant tout mouvement il y a un mouvement ; et ainsi le mouvement est de <toute> éternité, et le mobile, et le monde. Et tel est l'argument du Philosophe au huitième <livre> des *Physiques*.

9 – En outre, tout ce dont le mouvement est à certains moments et s'interrompt à d'autres moments, est réductible à un mouvement continu, qui est toujours ; parce que de cette succession, qui provient de l'alternance du mouvement et du repos, ne peut être cause quelque chose qui reste toujours le même ; parce que le même restant le même fait toujours le même. Donc il faut que la cause de cette alternance soit un mouvement qui ne

soit pas toujours ; et ainsi il faut qu'il ait un mouvement qui le précède ; et comme on ne peut remonter à l'infini, il faut aboutir à un mouvement qui soit toujours ; et ainsi comme plus haut. Et c'est l'argument du Commentateur au huitième <livre> des *Physiques*. La même chose peut être déduite des propos du Philosophe. Le Commentateur apporte cet argument au septième <livre> de la *Métaphysique*, pour montrer que si le monde était fait, il faudrait que ce monde soit une partie d'un autre monde, par le mouvement duquel une variation interviendrait en ce monde, soit dans l'alternance du mouvement et du repos, soit dans l'alternance de l'être et du non-être.

10 – En outre, la génération de l'un est la corruption de l'autre. Mais rien n'est corrompu sinon ce qui a été engendré auparavant. Donc, avant toute génération il y a une génération, et avant toute corruption il y a une corruption. Mais cela ne pourrait être, si le monde n'existait pas. Donc le monde a toujours été. Et tel est l'argument du Philosophe au premier <livre> de *La Génération*.

La même chose peut être montré du côté du mouvant, ou agent.

11 – Toute action ou mouvement, en effet, qui est <réalisé> par un agent ou mouvant non mû, il faut qu'il soit toujours. Mais le premier agent ou mouvant est tout à fait immobile. Donc il faut que son action et son mouvement soient toujours. La première <proposition> se prouve ainsi. Tout ce qui agit ou meut après n'avoir pas agi ou mû, passe de la puissance à l'acte, car chaque chose agit selon qu'elle est en acte : d'où, s'il agit après n'avoir pas agi, il faut qu'il y ait en lui quelque chose en acte qui auparavant était en puissance. Mais tout ce qui

passe de la puissance à l'acte est mû. Donc, tout ce qui agit après n'avoir pas agi est mû. Et cet argument peut être tiré des paroles du Philosophe, au huitième <livre> des *Physiques*.

12 – En outre, Dieu, soit est agent par volonté, soit <est agent> par nécessité de nature. Si c'est par nécessité de nature, comme de tels êtres sont déterminés à un seul <effet>, il faut que, par lui, toujours le même se fasse : d'où, si par lui le monde est fait à un moment, il est nécessaire que ce monde soit éternel. Si c'est un agent par volonté : aucune volonté ne commence à agir nouvellement si quelque mouvement ne se fait dans celui qui veut, soit en raison d'un obstacle qui auparavant existait et qui cesse par après, soit en raison de ce que <la volonté> est excitée maintenant et non auparavant, quelque chose l'induisant à agir qui auparavant ne l'induisait pas ; mais comme la volonté de Dieu demeure la même de façon immobile, il semble qu'elle ne commence pas à agir nouvellement. Et cet argument est commun au Philosophe au huitième <livre> des *Physiques*, à Avicenne et au Commentateur.

13 – En outre, <pour> tout <être> voulant quelquefois agir et quelquefois ne pas agir, il faut imaginer un temps après un temps, en discernant le temps où il veut agir du temps où il ne veut pas agir. Mais <du fait> d'imaginer un temps après un temps s'ensuit une mutation soit de l'imagination elle-même, soit au moins de ce qui est imaginé, car la succession du temps est causée par la succession du mouvement, comme cela apparaît dans le quatrième <livre> des *Physiques*. Donc il est impossible que la volonté commence <à réaliser> quelque nouveau mouvement qu'un autre mouvement ne précède pas. Et tel est l'argument du Commentateur au huitième <livre> des *Physiques*.

14 – En outre, toute volonté d'agir produit immédiatement son effet, sauf s'il manque à ce vouloir quelque chose
qui lui adviendra par après ; comme si maintenant j'avais
la volonté de faire demain du feu quand il fera froid, mais
maintenant il manque à ce vouloir la présence du froid,
laquelle advenant, tout de suite je ferai du feu, si je le
peux, sauf si pour cela manque quelque chose d'autre.
Mais Dieu a eu la volonté éternelle de faire le monde ;
autrement, il serait muable. Donc il est impossible que
ce ne soit pas de <toute> éternité qu'il ait fait le monde,
sinon parce que quelque chose manquerait au monde
qui lui adviendrait par après. Mais <rien> ne peut lui
advenir sinon par une action. Donc il faut qu'avant ce
<monde> fait nouvellement précède une action réalisant
une mutation ; et ainsi, d'une volonté éternelle ne
procède jamais quelque chose de nouveau, sinon par la
médiation d'un mouvement éternel. Donc il faut qu'un
monde éternel ait toujours été. Et tel est l'argument du
Commentateur au même endroit.

Mais contre cela.
1 – Dieu, soit est cause de la substance du monde, soit
ne l'est pas, mais seulement de son mouvement. Si c'est
seulement de son mouvement, alors la substance <du
monde> n'est pas créée ; donc <le monde> est premier
principe ; et ainsi il y aurait plusieurs premiers principes
et plusieurs incréés, ce qui a été démontré faux plus haut.
Mais si <Dieu> est cause de la substance du ciel, donnant
l'être au ciel ; comme tout ce qui reçoit l'être d'un autre
succède à cet autre dans la durée, il semble que le monde
n'existe pas <depuis> toujours.
2 – En outre, tout ce qui est créé est fait à partir du
rien. Mais tout ce qui est fait à partir du rien est un étant

après avoir été un rien, puisqu'il n'est pas simultanément étant et non-étant. Donc il faut que le ciel d'abord n'ait pas existé et ensuite existe, et ainsi pour le monde entier.

3 – En outre, si le monde était de <toute> éternité, alors une infinité de jours précéderait le jour présent. Mais on ne peut traverser l'infini. Donc on n'aurait jamais pu parvenir au jour présent, ce qui est faux ; donc, etc.

4 – En outre, pour tout ce à quoi il peut être fait une addition, il peut y avoir quelque chose de plus grand ou de plus abondant. Mais aux jours précédents, il peut être fait une addition de jours. Donc le temps passé peut être plus grand qu'il n'a été. Mais il n'y a pas plus grand que l'infini, et il ne peut y avoir <plus grand>. Donc le temps passé n'est pas infini.

5 – En outre, si le monde a été de <toute> éternité, alors de <toute> éternité il y a eu génération aussi bien d'hommes que d'animaux. Mais toute génération suppose un engendreur et un engendré ; et l'engendreur est la cause efficiente de l'engendré ; et ainsi, dans <l'ordre> des causes efficientes, on procéderait à l'infini, ce qui est impossible, ainsi qu'il est prouvé au deuxième <livre> de la *Métaphysique*. Donc il n'est pas possible qu'ait toujours existé la génération, pas plus que le monde.

6 – En outre, si le monde a toujours été, les hommes ont toujours été. Donc, des hommes en nombre infini sont morts avant nous. Or quand un homme meurt, son âme ne meurt pas, mais elle demeure. Donc aujourd'hui il y aurait en acte une infinité d'âmes séparées des corps. Mais l'infini en acte est impossible, comme il est prouvé au troisième <livre> des *Physiques*. Donc il est impossible que le monde existe <depuis> toujours.

7 – En outre, il est impossible que quelque chose soit équiparé à Dieu. Mais si le monde existait <depuis>

toujours, il serait équiparé à Dieu en durée. Donc c'est impossible.

8 – En outre, aucune capacité finie n'est <capable> d'une opération infinie. Or la capacité du ciel est une capacité finie, puisque sa grandeur est finie, et il est impossible que d'une grandeur finie <découle> une capacité infinie. Donc il est impossible que son mouvement existe pendant un temps infini, et semblablement impossible que son être dure un temps infini : car la durée d'une chose n'excède pas la capacité qu'elle a d'être ; et donc elle a commencé à un certain moment.

9 – En outre, nul ne doute que Dieu, par nature, ne précède le monde. Or, en Dieu, c'est une même chose que la nature et la durée. Donc, par la durée, Dieu précède le monde. Donc le monde n'existe pas de <toute> éternité.

Je réponds qu'il faut dire que, concernant cette question, il y a une triple position.

La première est celle des philosophes qui disent, non seulement que Dieu est de <toute> éternité, mais également les autres choses ; mais <ceci> de façon différente : parce que certains, avant Aristote, ont posé que le monde est engendrable et corruptible, et qu'ainsi il en est de tout l'univers comme d'une chose particulière d'une certaine espèce, dont un individu est corrompu, et un autre engendré. Et telle fut l'opinion d'Empédocle. D'autres ont dit que les choses ont été en repos durant un temps infini, et ont commencé à être mues par l'action d'un intellect, les extrayant et les séparant les unes des autres. Et telle fut l'opinion d'Anaxagore. D'autres ont dit que les choses, de <toute> éternité, étaient mues d'un mouvement désordonné, et ensuite ont été remises en ordre, soit par le hasard, comme le pose Démocrite, pour qui les corpuscules indivisibles <et> mobiles de soi s'assemblent entre eux par hasard ; soit par un créateur, et Platon pose cela, comme il est dit au troisième <livre> *Du ciel et du monde*. D'autres ont dit que les choses ont existé de <toute> éternité selon l'ordre qu'elles connaissent actuellement ; et telle est l'opinion d'Aristote, et de tous les philosophes qui le suivent ; et, parmi toutes les opinions susdites, celle-ci est la plus probable ; mais cependant, elles sont toutes fausses et hérétiques.

La deuxième position est celle de ceux qui disent que le monde a commencé d'être après n'avoir pas été, et semblablement tout ce qui est excepté Dieu, et que Dieu n'a pu faire le monde de <toute> éternité, non en raison de sa <propre> impuissance, mais parce que le monde n'a pu être fait de <toute> éternité, puisqu'il est créé : ils veulent que <le fait que> le monde ait commencé, non seulement soit tenu par la foi, mais encore soit prouvé par une démonstration <rationnelle>.

La troisième position est celle de ceux qui disent que tout ce qui est, excepté Dieu, a commencé d'être ; mais que toutefois Dieu aurait pu produire les choses de <toute> éternité ; en sorte que <le fait que> le monde ait commencé ne peut être démontré, mais qu'il doit être accepté et cru en raison de la Révélation divine. Cette position s'appuie sur l'autorité de Grégoire, qui dit qu'une certaine <forme de> prophétie porte sur le passé, comme quand Moïse prophétise en disant au premier <chapitre> de la Genèse : « Au commencement, Dieu créa le ciel et la terre ». Et j'adhère à cette position : parce que je ne crois pas qu'un argument démonstratif puisse être apporté par nous à ce propos ; pas plus qu'à la Trinité, quoiqu'il soit impossible que la Trinité ne soit pas ; et le montre la débilité des arguments qui sont apportés en guise de démonstrations, qui tous ont été exposés et résolus par les philosophes qui soutiennent l'éternité du monde ; et donc cela tourne plutôt à la dérision de la foi qu'à sa confirmation, si quelqu'un entend prouver la nouveauté du monde contre les philosophes en s'appuyant sur de tels arguments.

Je dis donc que pour aucune des deux parties de la question il n'existe de démonstrations, mais seulement des arguments probables ou sophistiques pour l'un et l'autre. Et le signifient les paroles du Philosophe lorsqu'il dit qu'il existe des problèmes pour lesquels nous n'avons pas de solution, comme « Est-ce que le monde est éternel ? ». Donc lui-même n'entend jamais le démontrer. Ce qui apparaît par sa manière de procéder ; car partout où il traite cette question, toujours il ajoute une croyance, soit à partir de l'opinion du plus grand nombre, soit par une approbation <externe> des arguments, ce qui ne convient nullement à celui qui <prétend> démontrer. La cause <qui explique> pourquoi cela ne peut être démontré, est celle-ci : la nature d'une chose varie selon qu'elle est dans son être parfait ou selon qu'elle est dans son premier devenir, selon qu'elle sort de sa cause ; comme autre est la nature de l'homme déjà né, et autre est celle de celui qui est encore dans le sein maternel. De là vient que si quelqu'un voulait argumenter, à partir des conditions de l'homme né et parfait, sur ses conditions en tant qu'il est imparfait et encore dans le sein maternel, il s'illusionnerait ; comme le raconte Rabbi Moyses d'un enfant qui, sa mère étant morte alors qu'il n'avait que quelques mois, avait été élevé dans une île déserte ; étant parvenu à l'âge de raison, il demanda à quelqu'un si les hommes étaient faits, et comment ; et comme on lui exposait le processus de la naissance humaine, l'enfant

objecta que c'était impossible, affirmant que si l'homme
ne respire pas, ne mange pas et n'évacue pas le superflu,
il ne peut même pas survivre un seul jour; donc, encore
moins peut-il vivre pendant neuf mois dans le sein de
sa mère. Semblablement, errent ceux qui, à partir du
mode d'advenir des choses dans un monde déjà parfait
veulent montrer la nécessité ou l'impossibilité d'un
commencement du monde; parce que ce qui, maintenant,
commence d'exister, commence par un mouvement;
alors il faut que ce qui meut précède [le mû] par la durée;
il faut aussi qu'il le précède par la nature, et qu'il existe
des contraires [pour passer par le mouvement de l'un à
l'autre]. Mais toutes ces choses ne sont pas nécessaires
dans la production par Dieu de l'être de l'univers.

A la première <objection> il faut donc dire que la
matière <première> est inengendrée et incorruptible,
mais qu'il ne s'ensuit pas qu'elle est <depuis> toujours;
car elle a commencé d'être non par génération à partir
de quelque chose, mais absolument à partir de rien; et
semblablement elle pourrait disparaître si Dieu le voulait,
lui par la volonté duquel est communiqué l'être à la
matière et au monde tout entier.

Et il faut dire semblablement pour la seconde
<objection> que cet argument procède à partir d'un
commencement par génération et mouvement; c'est donc
un argument contre Empédocle et les autres qui posaient
que le ciel a été engendré.

A la troisième <objection> il faut dire que la puissance
qui est actuellement dans le ciel en ce qui concerne sa
durée n'est pas mesurée par un temps déterminé; donc,
par elle, il pourrait exister, dans l'avant comme dans
l'après, durant un temps infini, s'il avait toujours eu cette

<puissance>; mais il n'a pas toujours eu cette puissance de durée, car celle-ci lui a été transmise par la volonté divine au moment de sa création.

A la quatrième <objection> il faut dire qu'avant la création du monde il n'y avait pas de vide, pas plus qu'après; le vide, en effet, n'est pas seulement une négation, mais une privation; donc pour poser le vide il faut poser un lieu ou des dimensions séparées, comme disaient ceux qui posaient le vide, mais nous ne posons rien de cela avant le monde. Et si l'on dit qu'il était possible, avant la création du monde, que le monde advienne là où il est maintenant, il faut répondre à cela qu'il en était bien ainsi, mais seulement dans la puissance de l'agent <créateur>, comme il a été dit plus haut.

A la cinquième <objection> il faut dire que cet argument est circulaire, ce qui apparaît ainsi, selon le Philosophe. Par l'avant et l'après dans le mouvement existe l'avant et l'après dans le temps; donc, quand on dit que tout instant serait la fin de l'avant et le principe de l'après, on suppose que tout moment du mouvement suivrait un certain mouvement et en précéderait un autre. Donc je dis que cette proposition ne peut être prouvée sinon en supposant ce qu'elle conclut; et par là il est clair qu'il ne s'agit pas d'une démonstration.

A la sixième <objection> il faut dire que jamais on n'a compris l'instant comme stable, mais toujours comme quelque chose qui passe; pas forcément comme passant à partir d'un antérieur, dans le cas où un mouvement ne précéderait pas, mais au moins dans un postérieur; pas forcément non plus comme passant dans un postérieur, sauf si un mouvement le suit, mais au moins à partir d'un antérieur. De là, si jamais un mouvement ne le précédait ou ne le suivait, l'instant ne serait pas un instant; et cela apparaît dans un mouvement particulier, qui commence de façon sensible, et dont tout moment passe, et cependant il y a un premier et un dernier moment, selon le terme dont il part et celui où il aboutit.

A la septième <objection> il faut dire que Dieu précède le monde non seulement par la nature, mais même par la durée ; non cependant par la durée du temps, mais par celle de l'éternité ; parce qu'avant le monde le temps n'existait pas dans la nature des choses, mais seulement dans l'imagination ; parce que maintenant nous imaginons qu'à ce temps fini, Dieu aurait pu ajouter auparavant de nombreuses années qui auraient coexisté avec <son> éternité ; et c'est en ce sens qu'on dit que Dieu aurait pu faire le monde avant qu'il ne l'a fait, ou le faire plus grand, ou faire plusieurs mondes.

A la huitième <objection> il faut dire que la nouveauté d'une relation provient non de la mutation du moteur, mais de celle du mobile, dans la mesure où on prend au sens large le mot de « mutation » à propos de la création qui, au sens propre, n'est pas une mutation, comme on l'a dit plus haut. Donc le mouvement du ciel est précédé, au moins quant à la nature, par sa création ; tandis que la création n'est précédée d'aucune mutation, puisqu'elle se fait purement et simplement à partir du non-étant. Si toutefois on supposait que le ciel avait existé avant de commencer d'être mû, cet argument ne vaudrait toujours pas : car il faut comprendre qu'il existe deux types de relation. L'une est la relation absolue, comme dans tous les êtres qui sont en relation selon l'être même, comme la paternité et la filiation ; et une telle relation ne se crée que par l'acquisition de ce sur quoi cette relation est fondée ; donc si cette relation est acquise par un mouvement, cette relation suit <forcément> ce mouvement ; comme la ressemblance de l'un à l'autre suit la modification qualitative [qui rend l'un semblable à l'autre et] qui fonde cette relation. Si <cette relation> est acquise par création, elle suit la création, comme la ressemblance de la créature à Dieu est fondée sur cette bonté qui est acquise par la création, <bonté> par laquelle la créature est assimilée à Dieu. Mais il existe certains relatifs qui impliquent l'existence simultanée de la relation et du fondement de cette relation. L'apparition de telles relations exige l'acquisition de la chose signifiée par le nom [de ces relations], par exemple, [pour la science], de l'habitus lui-même de science ; et il en est semblablement pour la relation que désigne le nom de mouvement, qui naît par le transfert du mouvement lui-même du moteur vers le mobile.

A la neuvième <objection> il faut dire que de cette succession par laquelle à un moment le monde n'existait pas et ensuite a existé, la cause efficiente n'est pas un quelconque mouvement, mais quelque chose qui demeure toujours dans le même état, c'est-à-dire la volonté divine, qui de <toute> éternité a été que ce monde arrive à l'être après le non-être. Et si l'on veut dire que le même fait toujours le même, je dis que c'est vrai si l'on prend l'agent selon son acception propre, par laquelle il produit de façon déterminée cet effet. Comme l'agent naturel est déterminé par sa forme propre, en sorte que jamais l'action ne s'ensuit que conformément à cette forme ; de même l'agent volontaire est déterminé à son action selon le propos de sa volonté ; de sorte que si cette volonté n'est ni empêchable ni mobile, l'effet ne s'ensuit que selon ce que la volonté s'est proposée. Il est vrai que la volonté divine, en ce qu'elle est toujours la même, fait toujours ce qu'elle a voulu de <toute> éternité, car elle n'est jamais soumise à une causalité [extérieure]; cependant, elle ne fait pas que ce qu'elle veut existe toujours, car cela, elle ne le veut pas. Si donc elle le faisait, comme elle ferait ce qu'elle ne veut pas, ce serait comme si la chaleur produisait du froid.

A la dixième <objection> il faut dire que les premiers individus dans l'ordre des êtres engendrables et corruptibles ne sont pas venus à l'être par génération, mais par création; donc il n'est pas nécessaire que certains <individus> préexistent à partir desquels <ces premiers individus> auraient été créés, en sorte qu'on remonterait ainsi à l'infini.

A la onzième <objection> il faut dire qu'il existe deux types d'agent. Un agent <peut l'être> par nécessité de nature : et celui-ci est déterminé à son action par ce qui constitue sa nature; donc il est impossible qu'il commence à agir sinon du fait qu'il passe de la puissance (essentielle ou accidentelle) à l'acte. Autre est l'agent par volonté, mais là <encore> il faut faire une distinction : <un agent par volonté peut> agir moyennant une action qui n'est pas l'essence même de celui qui agit; et pour celui-ci, ne peut s'ensuivre un effet nouveau sans action nouvelle, et la nouveauté de l'action provoque une certaine mutation dans l'agent, selon qu'il passe du repos à l'acte, comme il est dit au deuxième <livre> *De l'âme*. Mais <un agent par volonté peut agir> sans action intermédiaire ni instrument, et Dieu est un tel agent : c'est pourquoi son vouloir est son action et, tout comme son vouloir est éternel, son action l'est également. Pourtant, l'effet ne s'ensuit que selon la forme de la volonté, qui se propose de faire ainsi ou autrement. Et donc <Dieu> ne passe pas de la puissance à l'acte; mais l'effet qui était dans sa puissance agente devient un étant en acte.

A la douzième <objection> il faut dire que pour tous ceux qui agissent en vue d'une fin qui est en dehors de leur volonté, leur volonté est régulée par cette fin ; donc, selon les choses qui empêchent ou aident à <atteindre> cette fin, <cette volonté> veut quelquefois agir et quelquefois ne pas agir. Mais la volonté de Dieu n'a pas donné l'être à l'univers en fonction d'une autre fin existant en dehors de sa volonté, pas plus qu'elle ne meut pour une autre fin, comme le concèdent les philosophes, car le plus noble n'agit pas en vue d'un plus vil que soi ; et ainsi il n'est pas nécessaire que, du fait qu'elle n'agit pas toujours, il y ait quelque chose qui la pousse ou l'empêche, sinon la détermination même de sa volonté, qui procède de sa sagesse qui excède toute compréhension.

A la treizième <objection> il faut dire que l'intellect divin intellige toutes choses en même temps ; et donc, le fait qu'il intellige la présence de ce temps et de cet autre <temps>, n'entraîne pas une mutation dans son intellect, quoique cela ne puisse se réaliser dans notre intellect ; et ainsi il est clair que l'argument est sophistique. Semblablement, il n'est pas posé un mouvement de la part de la chose imaginée, car Dieu n'a pas voulu faire l'univers après un certain temps ; car le temps n'existait pas auparavant, sinon comme imaginé, ainsi qu'il a été dit antérieurement.

A la quatorzième <objection> il faut dire que la volonté divine n'a pas produit l'univers de <toute> éternité, parce qu'il manquait quelque chose à la chose voulue elle-même. Ce qui peut être vu comme manquant à la chose voulue et qui explique qu'elle soit différée, c'est sa proportion à la fin : comme la volonté de l'homme diffère de prendre un médicament, quand ce médicament n'est pas proportionné à la santé de l'homme. Ainsi, je dis que pour l'univers, le fait d'être créé de <toute> éternité lui ferait manquer la proportion à cette fin qu'est la volonté divine : Dieu a voulu, en effet, que <l'univers> ait l'être après le non-être, tant par nature que dans la durée ; et s'il avait existé de <toute> éternité, cela aurait manqué ; et donc cela n'aurait pas été proportionné à la volonté divine, qui est sa fin.

Et parce que, pour les arguments apportés en <sens> contraire, dont j'ai dit qu'il ne s'agit pas de <véritables> démonstrations, on trouve les réponses des philosophes ; alors, quoique <ces arguments> concluent le vrai, il faut toutefois leur répondre comme leur répondent les philosophes, de façon qu'ils n'interviennent pas à l'improviste <dans le débat au détriment> de celui qui dispute contre les tenants de l'éternité du monde.

A la première <objection> il faut dire que, comme le dit le Commentateur dans son livre *De la substance de l'orbe*, jamais Aristote n'a entendu <affirmer> que Dieu serait seulement la cause du mouvement du ciel, mais bien qu'il est la cause de sa substance, lui donnant l'être. Puisqu'il est d'une capacité limitée, en ce qu'il est un corps, il a besoin d'un agent d'une capacité infinie, dont il reçoive la perpétuité du mouvement comme la perpétuité de l'être, de même qu'il <reçoit de lui> le mouvement et l'être. Cependant, il ne suit pas de là que <cet agent d'une capacité infinie> le précède [forcément] dans la durée : car il ne donne pas l'être par un mouvement, mais par une influence éternelle, selon que sa science est cause des choses. Et, du fait qu'il connaît et veut de <toute> éternité, il s'ensuit que les choses [auraient pu] exister de <toute> éternité ; comme, du fait que le soleil serait de <toute> éternité, il s'ensuivrait que son rayon existerait de <toute> éternité.

A la deuxième <objection> Avicenne répond dans sa *Métaphysique* : il dit que toutes les choses ont été créées par Dieu, et que la création est à partir du rien, ou de ce qui a l'être après le rien. Mais cela peut être compris de deux manières : soit on désigne un ordre de durée, et alors selon lui c'est faux ; soit on désigne un ordre de nature, et alors c'est vrai. A chaque être est premier selon sa nature ce qui est à lui par lui-même, plutôt que ce qui est à lui à partir d'un autre. Toute chose en dehors de Dieu a l'être à partir d'un autre. Donc, il faut [dire] que selon sa nature, elle serait un non-étant, si elle n'avait pas reçu l'être de Dieu ; de même, comme le dit Grégoire, que toutes les choses tomberaient dans le néant, si la main du Tout-Puissant ne les conservait ; et ainsi, le non-être qu'elles possèdent naturellement d'elles-mêmes, est premier par rapport à l'être qu'elle possèdent d'un autre, même s'il n'y a pas <de priorité> de durée ; et selon ce mode, il est concédé par les philosophes que les choses sont créées et faites par Dieu.

A la troisième <objection> il faut dire qu'un infini en acte est impossible ; mais qu'un infini le soit par succession, ce n'est pas impossible. De l'infini ainsi considéré, tout ce qui est examiné est fini : une portion <de cet infini> ne peut être comprise qu'en tant qu'elle va de quelque chose de déterminé vers une autre chose déterminée ; et ainsi, quel que soit le moment déterminé que l'on considère, toujours de ce moment à un autre moment existe un temps fini ; et c'est ainsi qu'on parvient au moment présent. Ou bien on peut dire que le temps passé est infini du côté de l'avant et fini du côté de l'après, tandis que c'est le contraire pour le temps futur. Pour chacun, du côté où il est fini, est posé un terme, qu'il s'agisse d'un principe ou d'une fin. Donc, du fait que le temps passé est infini du côté de l'avant, selon

<les philosophes> il s'ensuit qu'il n'a pas de principe, bien qu'il ait une fin ; de là il s'ensuit que si un homme commence à compter à partir de tel jour, il ne pourra pas parvenir en comptant jusqu'à un premier jour ; et il en est de même, mais à l'inverse, pour le futur.

A la quatrième <objection> il faut dire qu'à l'infini ne se fait pas d'ajout selon sa succession totale, par laquelle il est seulement en puissance de recevoir ; mais <on fait un ajout> seulement à un <élément> fini pris en acte ; et dans ce cas, rien n'empêche que quelque chose soit plus abondant ou plus grand. Il est d'ailleurs clair que cet argument est sophistique, parce qu'il éliminerait aussi l'infini dans l'addition des nombres, comme si on disait : certains nombres dépassent la dizaine sans excéder la centaine, donc il y a plus de nombres qui dépassent la dizaine que <de nombres qui dépassent> la centaine, et comme une infinité de nombres dépassent la centaine, il existe donc quelque chose de plus grand que l'infini, <à savoir, les nombres qui dépassent la dizaine>. Il est clair que l'excès, l'addition ou la traversée n'existent qu'en fonction de quelque chose qui existe en acte ou réellement, ou bien pris en acte dans l'intellect ou l'imagination. Donc, par ces arguments, il est suffisamment prouvé qu'il n'existe pas d'infini en acte ; mais cela n'est pas nécessaire pour l'éternité du monde. Et ces réponses sont prises des paroles du Philosophe.

A la cinquième <objection> il faut dire qu'il est impossible que le même effet soit précédé par des causes par soi ou essentielles <en nombre> infini ; mais par des causes accidentelles, cela est possible. Ce qui veut dire qu'il est impossible qu'existe un effet qui procéderait selon sa raison même de causes <en nombre> infini ; mais pour les causes dont la multiplication n'affecte en rien l'effet, elles peuvent bien être <en nombre> infini par rapport à l'effet. Par exemple, sont exigées pour l'être d'un couteau certaines causes agentes, comme un artisan, un outil ; et que <ces causes> soient <en nombre> infini est impossible, car il s'ensuivrait qu'il existerait en acte simultané des choses <en nombre> infini. Mais de ce que le couteau aurait été fait par un artisan âgé, qui de nombreuses fois aurait renouvelé ses outils, il s'ensuivrait <simplement> une multitude successive d'outils, ce qui est accidentel ; et rien n'empêche qu'il y ait eu une infinité d'outils précédant <la confection de> ce couteau, si l'artisan était de <toute> éternité. Il en est semblablement dans la génération d'un animal : car la semence du père est la cause agente instrumentale au regard de la puissance du soleil. Et parce que de tels instruments, qui sont causes secondes, sont engendrés et corrompus, il peut arriver qu'ils soient <en nombre> infini ; et selon ce mode il peut arriver que des jours <en nombre> infini précèdent le jour présent ; car d'après <les philosophes> la substance du soleil est de <toute> éternité, mais chacune de ses révolutions est finie. Et c'est l'argument que pose le Commentateur au huitième <livre> des *Physiques*.

A la sixième <objection> il faut dire que cette objection est, de toutes, la plus forte ; mais Algazel y répond dans sa *Métaphysique*, où il divise l'étant en fini et infini ; et il concède <qu'il puisse y avoir> une infinité en acte d'âmes ; mais cela est accidentel, car les âmes rationnelles sorties des corps n'ont pas de dépendance entre elles. Le Commentateur, pour sa part, répond que ne demeurent pas plusieurs âmes après les corps, mais que de toutes il n'en demeure qu'une seule, comme il sera montré clairement plus loin ; donc, si cette position, qu'il pose au troisième <livre> *De l'âme*, n'est pas d'abord démontrée fausse, cet argument ne conclurait pas contre lui. Cet argument, Rabbi Moyses le signale, montrant que l'argument précédent n'est pas une démonstration.

A la septième <objection> il faut dire que même si le monde était <depuis> toujours, il ne serait pas égal à Dieu en durée ; car la durée divine, qui est l'éternité, est tout entière en même temps ; mais non pas la durée du monde, qui varie par la succession des temps. Et c'est <l'argument> que pose Boèce au cinquième <livre> *De la Consolation*.

A la huitième <objection> il faut dire que dans le ciel, il n'y a pas de puissance à l'être mais seulement au lieu, selon le Philosophe ; et donc il ne peut être dit que sa puissance à l'égard de l'être est finie ou infinie ; en revanche, sa puissance à l'égard du lieu est finie. Il n'est cependant pas nécessaire que le mouvement local, à quoi correspond cette puissance, soit fini ; car le mouvement est infini en durée par l'infinité de la puissance du mouvant, d'où provient le mouvement dans le mobile. Et c'est l'argument <que pose> le Commentateur au onzième <livre> de la *Métaphysique* ; cependant, ce qu'il dit, que <le ciel> n'a pas de puissance à l'être, doit être compris <en ce qui concerne> l'acquisition de l'être par le mouvement ; car il possède une <certaine> capacité ou puissance à l'être, comme il est dit au premier <livre> *Du ciel et du monde*, et cette capacité est finie ; mais une durée infinie est atteinte grâce à un agent séparé infini, comme lui-même le dit.

A la neuvième <objection> il faut dire que la durée de Dieu, qui est son éternité, et sa nature sont une seule chose ; on les distingue toutefois par la raison, ou encore selon le mode de signifier ; car la nature signifie une certaine causalité, selon qu'on dit que la nature est le principe du mouvement ; tandis que la durée signifie une certaine permanence. Et donc, si l'on considère la prééminence de la nature divine et de sa durée sur la créature, comme l'une et l'autre sont une [seule] chose, on trouve la même prééminence : de même que la nature divine précède la créature par la dignité et la causalité, de même la durée divine précède la créature selon des modes identiques. Il n'est cependant pas nécessaire, si Dieu précède le monde selon le mode de la nature, comme on le signifie en disant qu'il précède naturellement le monde, qu'il le précède aussi selon le mode de la durée, comme quand on dit que Dieu précède le monde par la durée : puisqu'il n'y a pas un même mode de signifier en ce qui concerne la nature qu'en ce qui concerne la durée. Et on résout semblablement de multiples objections semblables, comme il est dit au premier livre.

Source : faute d'une édition critique, ce texte est traduit à partir de celui proposé par le site internet *Corpus thomisticum*.

Chapitre 31

Qu'il n'est pas nécessaire que les créatures aient été <depuis> toujours

A partir de ce qui a été déjà posé, il reste à montrer qu'il n'est pas nécessaire que les choses créées aient été de <toute> éternité.

En effet, s'il était nécessaire que l'ensemble des créatures, ou <du moins> une quelconque créature, soit, il faudrait que cette nécessité existe par soi ou bien comme venant d'un autre. Par soi, <cette créature> ne peut avoir <une telle nécessité>. Il a été montré plus haut qu'il faut que tout étant soit à partir du premier étant. Puisqu'il ne possède pas son être par lui-même, il est impossible qu'il possède par soi une nécessité d'être : parce que ce qui a nécessairement l'être, il est impossible que cela ne soit pas ; et ainsi, de ce qu'il possède par soi une nécessité d'être, il possède par soi une impossibilité d'être un non-étant; par conséquent, <il est nécessaire> qu'il ne soit pas un non-étant, et donc qu'il soit un étant.

Mais si cette nécessité de la créature vient d'un autre, il faut que ce soit par une certaine cause qui soit extrinsèque; car tout ce qui est reçu d'intrinsèque par une créature a l'être d'un autre. La cause extrinsèque est soit efficiente, soit finale. De la <cause> efficiente il suit qu'il est nécessaire que l'effet soit, par le fait que <l'agent> est nécessité à agir; par l'action de l'agent, l'effet dépend de la cause efficiente. Si donc il n'était pas nécessaire que l'agent agisse pour la production de l'effet, il ne serait pas nécessaire que l'effet soit absolument. Or Dieu n'agit pas par une nécessité quelconque dans la production des créatures, comme il a été montré plus haut. Il n'est donc pas absolument nécessaire que la créature soit en vertu d'une nécessité dépendant de la cause efficiente. Semblablement, <ce n'est pas nécessaire> non plus d'une nécessité dépendant de la cause finale. Les <choses> qui sont en vue d'une fin ne reçoivent de nécessité de cette fin que selon que, sans elles, soit cette fin ne pourrait être, comme la conservation de la vie sans la nourriture; soit ne pourrait être <de façon> aussi bonne, comme le voyage sans un cheval. La fin de la volonté divine, en fonction de laquelle les choses <créées> sont venues à l'être, ne peut être autre chose que sa <propre> bonté, comme il a été montré au premier <livre>. <Bonté> qui ne dépend pas <de l'existence> des créatures : ni quant à l'être, puisqu'elle a par soi une nécessité d'être ; ni quant au bien être, puisqu'en elle-même elle est purement et simplement parfaite (toutes choses qui ont été démontrées plus haut). Il n'est donc pas absolument nécessaire que la créature soit. Encore moins est-il nécessaire de poser que la créature a été <depuis> toujours.

Et encore. Ce qui <procède> de la volonté n'est pas absolument nécessaire, sinon éventuellement quand il est nécessaire que la volonté le veuille. Mais Dieu produit les créatures dans l'être, non par nécessité de nature, mais par volonté, comme il a été <déjà> prouvé ; et ce n'est pas par nécessité qu'il veut que les créatures soient, comme il a été montré au premier <livre>. Il n'est donc pas absolument nécessaire que la créature soit. A fortiori n'est-il pas nécessaire que les <créatures> aient été <depuis> toujours.

De plus. Il a été montré plus haut que Dieu n'agit pas par une action qui soit en dehors de lui-même, comme si elle sortait de lui pour se terminer dans la créature, de même que la chaleur sort du feu pour se terminer dans le bois ; mais son vouloir est son agir ; et les choses sont selon le mode par lequel Dieu veut qu'elles soient. Mais il n'est pas nécessaire que Dieu veuille que la créature soit <depuis> toujours ; puisqu'il n'est même pas nécessaire que Dieu veuille que la créature soit, tout simplement, ainsi qu'il a été montré au premier <livre>. Il n'est donc pas nécessaire que la créature soit <depuis> toujours.

De même. De l'agent par volonté ne procède quelque chose par nécessité qu'en raison de quelque chose dû. Mais Dieu n'a produit la créature <en fonction> d'aucun dû, si l'on considère absolument la production des créatures en général, comme il a été montré plus haut. Ce n'est pas par nécessité que Dieu produit la créature. Il n'est donc pas nécessaire, même si Dieu est sempiternel, que la créature soit produite de <toute> éternité.

En outre. Il a été montré que l'absolue nécessité dans les choses créées ne <se prend pas> par rapport au premier Principe (c'est-à-dire Dieu) qui, par lui-même, existe nécessairement, mais par rapport aux autres causes, qui n'ont pas par soi une nécessité d'être. Une nécessité d'ordre par rapport à ce qui n'a pas par soi une nécessité d'être, n'oblige pas à ce que quelque chose soit toujours : si quelque chose court, il s'ensuit que cette chose se meut ; il n'en devient pourtant pas nécessaire que cette chose se meuve <depuis> toujours, car sa course elle-même n'est pas nécessaire par soi. Rien donc n'oblige à ce que les créatures aient été <depuis> toujours.

Chapitre 32

Arguments de ceux qui veulent prouver l'éternité du monde, pris du côté de Dieu

Mais, comme la position de beaucoup est que le monde est <depuis> toujours et par nécessité, et qu'ils entreprennent de démontrer cela, il reste à exposer leurs arguments, pour montrer que ceux-ci ne concluent pas avec nécessité à la sempiternité du monde. Premièrement, seront exposés les arguments qui sont pris du côté de Dieu. Deuxièmement, ceux qui sont pris du côté de la créature. Troisièmement, ceux qui sont pris du mode de création des choses, selon qu'il est dit qu'elles commencent d'être nouvellement.

Du côté de Dieu, pour démontrer l'éternité du monde sont apportés les arguments suivants.

Tout agent qui n'agit pas toujours, est mû par soi ou par accident. Par soi, comme le feu qui ne brûle pas toujours commence à brûler soit parce qu'il s'embrase nouvellement, soit parce qu'il est transporté nouvellement en sorte qu'il soit proche du combustible. Par accident, comme la force motrice de l'animal commence de mouvoir nouvellement l'animal en raison d'un nouveau mouvement fait à son propos : soit de l'intérieur, comme quand l'animal, sa digestion achevée, se réveille et commence à bouger ; soit de l'extérieur, comme quand nouvellement lui adviennent des actions qui l'induisent à commencer nouvellement une action. Mais Dieu n'est mû ni par soi ni par accident, comme il a été prouvé au premier <livre>. Dieu agit toujours selon le même mode. Or, de par son action, les choses créées sont constituées dans l'être. Donc les créatures existent <depuis> toujours.

Et encore. L'effet procède de la cause agente par l'action de celle-ci. Mais l'action de Dieu est éternelle ; autrement il passerait d'agent en puissance à agent en acte ; il faudrait alors qu'il soit amené à l'acte par un agent antérieur, ce qui est impossible. Donc les choses créées par Dieu ont été de <toute> éternité.

De plus. La cause suffisante étant posée, il est nécessaire que l'effet soit posé. Car si, la cause étant posée, il n'était pas nécessaire que l'effet soit posé, il serait alors possible, la cause étant posée, que l'effet existe et n'existe pas ; la consécution de l'effet vis-à-vis de la cause serait donc seulement possible ; mais ce qui est possible a besoin de quelque chose qui l'amène à l'acte ; il faudrait donc poser une cause par laquelle l'effet serait amené à l'acte ; et alors la première cause ne serait plus suffisante. Or Dieu est la cause suffisante de la production des créatures ; autrement il ne serait pas <vraiment> cause, mais serait plutôt en puissance à être cause ; ce qui apparaît évidemment impossible. Il semble donc nécessaire, puisque Dieu existe de <toute> éternité, que la créature existe également de <toute> éternité.

De même. Un agent par volonté ne retarde d'exécuter son propos de faire quelque chose qu'à cause de quelque chose de futur qu'il attend et qui n'est pas encore advenu ;

et cela, parfois, est dans l'agent lui-même, comme quand il attend la perfection de sa capacité d'agir ou la suppression d'un obstacle à cette capacité ; parfois, cela est en dehors de l'agent, comme quand il attend la présence de quelqu'un devant qui l'action doit être faite ; ou au moins quand il attend la présence d'un temps opportun qui n'est pas encore advenu. Mais si la volonté est complètement <décidée>, aussitôt sa puissance s'active, sauf s'il y a un défaut en elle ; ainsi, au commandement de la volonté succède immédiatement le mouvement d'un membre, sauf s'il y a un défaut de la puissance motrice apte à activer ce mouvement. Et par là il apparaît que, quand quelqu'un veut faire quelque chose et ne le fait pas sur le champ, il faut que cela provienne soit d'un défaut de puissance, qui attend d'être écarté, soit de ce que la volonté n'est pas complètement <décidée> à faire cela. Je dis qu'il y a une volonté complètement <décidée> quand elle veut faire telle chose absolument et selon tous les modes ; la volonté est en revanche incomplètement <décidée>, quand quelqu'un ne veut pas faire telle chose absolument, mais en fonction de la réalisation d'une condition qui n'existe pas pour le moment, ou de l'enlèvement d'un obstacle qui existe pour le moment. Il est clair que tout ce que Dieu veut maintenant qu'il soit, il veut de <toute> éternité qu'il soit : un nouveau mouvement de la volonté ne peut lui advenir. Un défaut ou un obstacle ne peut pas non plus affecter sa puissance ; et il ne peut attendre quelque chose <précédant> la production des créatures en général, puisqu'il n'existe rien d'incréé sinon lui seul, comme il a été montré plus haut. Il semble donc nécessaire qu'il produise de <toute> éternité la créature dans l'être.

En outre. Un agent intelligent ne préfère une chose à une autre qu'à cause de la supériorité de l'une sur l'autre.

Mais là où il n'y a aucune différence, il ne peut y avoir de prééminence. Donc, là où il n'y a aucune différence, il n'y a pas de préférence pour l'une plutôt que pour l'autre. Et c'est pour cela que, de la part d'un agent également disposé envers deux <objets>, il ne peut y avoir d'action, pas plus que de la part de la matière : une telle puissance <de l'agent> est assimilée à la puissance de la matière. D'un non-étant à un <autre> non-étant, il ne peut y avoir aucune différence. Donc un non-étant ne peut être préféré à un autre. Mais en dehors de tout l'ensemble des créatures, il n'y a rien sinon l'éternité de Dieu. Dans le néant, il ne peut être assigné des différences entre des moments, en sorte qu'il serait plus opportun d'agir en un <moment> plutôt qu'en un autre. Semblablement, <on ne peut assigner des différences> dans l'éternité, qui est totalement uniforme et simple, comme il a été montré dans le premier <livre>. Il en résulte que la volonté de Dieu se trouve, durant toute l'éternité, <disposée> de façon égale à produire la créature. Donc, sa volonté, durant <toute> l'éternité, est soit de ne jamais créer une créature, soit de la créer toujours. Il est clair que sa volonté n'est pas qu'il n'existe jamais aucune créature durant <toute> l'éternité : puisqu'il est patent que des créatures ont été faites par sa volonté. Il reste donc de nécessité, ce semble, que la créature existe <depuis> toujours.

Et encore. Les choses qui sont en vue d'une fin, tirent leur nécessité de cette fin ; surtout pour celles qui sont réalisées par une volonté. Il faut donc que, la fin existant selon le même mode, les choses qui sont en vue de cette fin existent ou soient produites de la même manière, à moins qu'intervienne une nouvelle ordination de ces choses à la fin. La fin des créatures produites par la divine volonté est la divine bonté, qui seule peut être la fin de la

quand il n'y avait pas de mouvement. Il y a, en effet, un certain lien ou relation de ce qui meut à ce qui est mû selon qu'il meut en acte : or une relation nouvelle ne commence pas sans mutation des deux extrêmes, ou au moins de l'un d'eux. Ce qui se présente maintenant différemment d'avant est mû. Donc il faut, avant un mouvement qui commence nouvellement, qu'un autre mouvement précède dans le mobile ou dans ce qui meut. Il faut donc que chaque mouvement, ou soit éternel, ou ait un autre mouvement avant lui. Donc le mouvement a été <depuis> toujours. Donc <également> les mobiles. Et ainsi, les créatures ont été <depuis> toujours. Car Dieu est tout à fait immobile, comme il a été montré dans le premier <livre>.

En outre. Tout agent, qui engendre quelque chose de semblable à lui-même, entend conserver un être perpétuel par l'espèce, car il ne peut le conserver perpétuellement en <son propre> individu. Or il est impossible qu'un appétit de la nature soit vain. Il faut donc que les espèces des choses engendrables soient perpétuelles.

Et encore. Si le temps est perpétuel, il faut que le mouvement soit perpétuel : car <le temps> est le nombre du mouvement. Et par conséquent, que les mobiles soient perpétuels : puisque le mouvement est l'acte d'un mobile. Mais il faut que le temps soit perpétuel. On ne peut pas envisager que le temps existe sans l'instant : de même qu'on ne peut envisager la ligne sans le point. L'instant est toujours la fin du passé et le principe du futur : telle est, en effet, la définition de l'instant. Et ainsi, chaque instant donné suppose avant lui un temps antérieur et un temps postérieur. Et donc, il ne peut exister ni un premier <instant>, ni un dernier. Il reste donc que ces mobiles que sont les substances créées aient été de <toute> éternité.

De même. Il faut soit affirmer, soit nier. Si donc, de la négation d'une chose découle son affirmation, il faut que cette chose soit toujours. Tel est le temps. Car, si le temps n'est pas <depuis> toujours, il faut accepter que son non-être a existé avant son être ; et semblablement, s'il ne doit pas être toujours, il faut que son non-être soit postérieur à son être. Mais l'antérieur et le postérieur ne peuvent être selon la durée que si le temps est : car le nombre de l'avant et de l'après, c'est <précisément> le temps. Et donc, il faudrait que le temps soit avant de commencer, et continue d'être après avoir disparu. Donc, il faut que le temps soit éternel. Mais le temps est un accident : il ne peut exister sans sujet. Son sujet n'est pas Dieu, qui est au-dessus du temps, puisqu'il est tout à fait immobile, comme il a été montré dans le premier <livre>. Reste donc que quelque substance créée soit éternelle.

De plus. De nombreuses propositions sont telles que celui qui les nie, il faut qu'il les pose <par le fait même> : comme celui qui nie que la vérité existe, pose <par le fait même> que la vérité existe ; il pose en effet que la négation <qu'il profère> est vraie. Et il en est de même de celui qui nie le principe que les contradictoires ne peuvent être <vraies> simultanément : en le niant, il dit que la négation qu'il pose est vraie, que l'affirmation opposée est fausse, et qu'ainsi les deux <affirmations> ne sont pas vérifiées <simultanément> à propos de la même chose. Si donc il faut qu'une chose de la négation de laquelle découle son affirmation existe toujours, il s'ensuit que les susdites propositions, et toutes celles qui en découlent, soient sempiternelles. Mais ces propositions ne sont pas Dieu. Donc il faut que quelque chose en dehors de Dieu soit éternel.

Ces arguments et d'autres semblables peuvent être posés du côté des créatures pour <prouver> que des créatures ont été <depuis> toujours.

Chapitre 34

Arguments pour prouver l'éternité du monde du côté de sa réalisation

D'autres arguments peuvent être apportés, du côté de la réalisation <du monde>, pour montrer la même chose.

Ce qui est dit communément par beaucoup, il est impossible que ce soit totalement faux. En effet, la fausse opinion est une certaine infirmité de l'intellect ; comme le faux jugement concernant le sensible propre provient de l'infirmité du sens. Les défauts existent par accident, car <ils adviennent> en dehors de l'intention de la nature. Ce qui est par accident ne peut être toujours et en tous : comme le jugement donné par tous les goûts à propos des saveurs ne peut être faux. Ainsi, le jugement donné à propos de la vérité par tous ne peut être erroné. Or, la sentence commune de tous les philosophes est que, du rien, rien ne se fait. Il faut donc que cela soit vrai. Si quelque chose se fait, il faut qu'il soit fait à partir d'autre chose. Et si <cette autre chose> est faite également, il faut également qu'elle soit faite à partir d'une autre. Mais on ne peut procéder ainsi à l'infini : parce qu'alors, aucune génération ne s'accomplirait, puisqu'il n'est pas possible de traverser l'infini. Il faut donc parvenir à un premier qui ne soit pas fait. Tout étant qui n'a pas été <depuis> toujours, il faut qu'il soit fait. Donc il faut que ce à partir de quoi premièrement tout se fait soit sempiternel. Et ceci n'est pas Dieu : car lui-même ne peut être la matière d'aucune <autre> chose, comme il a été prouvé au

premier <livre>. Reste donc que quelque chose en dehors
de Dieu soit éternel, à savoir la matière première.

De plus. Si quelque chose ne se présente pas selon le
même mode maintenant qu'auparavant, il faut qu'il ait été
modifié en quelque manière : ne pas se présenter selon le
même mode maintenant qu'auparavant, cela <s'appelle>
être mû. Tout ce qui commence d'exister nouvellement,
ne se présente pas selon le même mode maintenant
qu'auparavant. Il faut donc que cela soit arrivé par
quelque mouvement ou mutation. Or tout mouvement ou
mutation existe dans un sujet : c'est en effet l'acte d'un
mobile. Et comme le mouvement est antérieur à ce qui se
fait par mouvement, puisque c'est à cela <même> que se
termine le mouvement, il faut que préexiste à toute chose
qui est faite un sujet mobile. Et comme en cela il n'est
pas possible de procéder à l'infini, il faut parvenir à un
premier sujet qui ne commence pas nouvellement mais
qui existe toujours.

Et encore. Tout ce qui commence d'être nouvellement,
avant qu'il soit, il était possible qu'il fût : sinon, il aurait
été impossible qu'il soit, et nécessaire qu'il ne fût pas ;
et alors il aurait constamment été un non-étant et jamais
n'aurait commencé d'être. Mais ce qui a la possibilité
d'être est un sujet en puissance. Il faut ainsi qu'avant tout
ce qui commence <d'être> nouvellement préexiste un
sujet en puissance. Et comme en cela on ne peut procéder
à l'infini, il faut poser un premier sujet qui ne commence
pas d'être nouvellement.

De même. Aucune substance n'est permanente jusqu'à
ce qu'elle soit produite : elle ne serait pas produite, si elle
existait déjà. Mais pendant qu'elle est produite, il faut que
quelque chose existe qui soit le sujet de cette production ;
car la production, qui est un accident, ne peut exister sans

un sujet. Donc, tout ce qui est produit possède un sujet préexistant. Et comme on ne peut aller ainsi à l'infini, il s'ensuit que le premier sujet n'est pas produit mais qu'il est sempiternel. De là il suit par conséquent que quelque chose, en dehors de Dieu, est éternel ; lui-même, en effet, ne peut être le sujet d'une production ou d'un mouvement.

Tels sont les arguments par lesquels certains (y adhérant comme à des démonstrations) disent qu'il est nécessaire que les choses créées soient <depuis> toujours. En quoi ils contredisent la foi catholique, qui pose que rien n'est <depuis> toujours sauf Dieu, mais que toutes les choses ont commencé d'être, sauf l'unique Dieu éternel.

Chapitre 35

Solution des arguments proposés plus haut, et premièrement de ceux qui sont pris du côté de Dieu.

Il faut donc montrer que les arguments précédemment exposés ne concluent pas nécessairement. Et premièrement, ceux qui sont pris du côté de l'agent.

Il n'est pas nécessaire que par soi ou par accident Dieu soit mû si ses effets commencent à exister nouvellement, comme le propose le premier argument. La nouveauté de l'effet peut indiquer une mutation de l'agent en tant qu'elle démontre la nouveauté de l'action : il ne peut se faire que, dans un agent, existe une nouvelle action si <cet agent> n'est pas mû selon un certain mode, au moins du repos à l'acte. Mais la nouveauté d'un effet divin ne démontre pas la nouveauté de l'action en Dieu : puisque son action est son essence, comme il a été montré plus haut. De la sorte, la nouveauté de l'effet ne peut non plus démontrer une mutation de Dieu agissant.

Il n'est cependant pas nécessaire que, l'action du premier agent étant éternelle, son effet soit éternel, comme le conclut le deuxième argument. Il a été montré plus haut que Dieu agit par volonté dans la production des choses. Non pas qu'existe de sa part une autre action intermédiaire, comme en nous l'action de la capacité motrice fait l'intermédiaire entre l'acte de la volonté et l'effet, comme il a été montré précédemment ; mais il faut que son *intelliger* et son *vouloir* soient son *faire*. L'effet s'ensuit de l'intellect et de la volonté selon la détermination de l'intellect et le commandement de la volonté. Comme par l'intellect est déterminée n'importe quelle autre condition de la chose à faire, ainsi lui est prescrit un temps. Car, non seulement l'art détermine que ceci existe de telle façon, mais même que ceci existe à tel moment : comme le médecin <détermine> que la potion sera donnée à tel moment. Donc, si le vouloir <de Dieu> est par lui-même efficace pour produire un effet, il s'ensuit nouvellement un effet à partir d'une volonté ancienne, aucune action n'existant nouvellement. Donc, rien n'empêche de dire que l'action de Dieu est de <toute> éternité, mais que son effet n'est pas de toute éternité, mais <s'effectue> à tel moment, comme il l'a disposé de <toute> éternité.

A partir de quoi il apparaît que, même si Dieu est cause suffisante de la production des choses dans l'être, il n'est cependant pas nécessaire que son effet soit posé comme éternel, du fait que lui-même existe éternellement, ainsi que le conclut le troisième argument. Étant posée la cause suffisante, son effet est posé, mais pas un effet étranger à cette cause : ceci <ne pourrait> provenir que d'une insuffisance de la cause, comme si la chaleur ne chauffait pas. Or l'effet propre de la volonté est que soit ce que la volonté veut : s'il advenait autre chose que ce que la volonté veut, ne serait <alors> pas posé l'effet propre de la cause, mais <plutôt un effet> qui lui serait étranger. La volonté, comme il a été dit, de même qu'elle veut que telle chose soit, veut également qu'elle soit à tel moment. Donc il n'est pas nécessaire, pour que la volonté soit cause suffisante, que l'effet soit dès que la volonté est, mais <il faut plutôt que cet effet soit> quand la volonté a disposé qu'il sera. En ce qui concerne les choses qui procèdent d'une cause agente naturelle, il en est autrement ; car l'action <d'une chose> naturelle se réalise selon qu'elle est en elle-même ; donc il faut qu'à l'être de la cause succède l'effet. Tandis que la volonté agit, non selon le mode de son être, mais selon le mode de ce qu'elle se propose. Et ainsi, comme l'effet de l'agent naturel suit l'être de cet agent (si celui-ci est suffisant), ainsi l'effet de l'agent par volonté suit le mode de ce qu'elle se propose.

A partir de cela il apparaît que l'effet de la volonté divine n'est pas retardé, quoiqu'il n'ait pas été <depuis toujours>, alors que la volonté est existante, comme le suppose le quatrième argument. Car sous la volonté divine tombe non seulement que son effet soit, mais encore qu'il soit à tel moment. Le vouloir qui est que la créature soit à tel moment n'est pas retardé : car la créature commence à être au moment même que Dieu a disposé de <toute> éternité.

Cependant, avant le commencement de toute la création, il ne faut pas poser une quelconque diversité de parties d'une durée quelconque, comme il est supposé dans le cinquième argument. Car le rien n'a ni mesure ni durée. La durée de Dieu, qui est l'éternité, n'a pas de parties, mais elle est tout à fait simple, n'ayant ni avant ni après, puisque Dieu est immobile, comme il a été montré au premier <livre>. Il ne faut pas comparer le commencement de toute la création à diverses <choses> inscrites dans une mesure préexistante, auxquelles le commencement des créatures pourrait se comparer par ressemblance ou dissemblance, en sorte qu'il faudrait que l'agent possède une raison de produire la créature dans l'être à un moment précis de cette durée, et non pas dans le moment précédent ou suivant. Cette raison <pourrait> être cherchée s'il existait une durée divisible en parties en dehors de toute la création qui a été produite : comme il arrive pour les agents particuliers, par lesquels est produit un effet dans le temps, mais non pas le temps lui-même. Dieu, lui, produit simultanément dans l'être tant la créature que le temps. Il n'y a donc pas de raison à chercher pour laquelle <il créerait> maintenant plutôt qu'avant : mais uniquement pourquoi <il ne crée> pas <depuis> toujours. Cela devient clair par la comparaison avec <la question du> lieu. Les corps particuliers, de même qu'ils sont produits en un temps déterminé, le sont en un lieu déterminé ; et parce qu'ils ont en dehors d'eux le temps et le lieu, il faut qu'il existe une raison pour laquelle ils sont produits dans ce lieu et dans ce temps plutôt que dans un autre. Mais pour tout le ciel, en dehors duquel il n'y a pas de lieu, et avec lequel le lieu universel de toutes <choses> est produit, il n'y a pas à chercher de raison pour laquelle ce serait ici et non ailleurs qu'il a été constitué. Et parce que certains ont posé qu'il fallait chercher cette raison, ils sont tombés dans l'erreur en posant qu'il existe un infini pour les corps. Il en est semblablement pour la production de toute la création, en dehors de laquelle il n'existe pas de temps, et avec laquelle le temps a été produit : il ne faut pas chercher de raison pourquoi <Dieu

a créé> maintenant et non pas avant, en sorte que par là nous soyons amenés à concéder un temps infini. Il y a seulement à chercher pourquoi <la création existe>, mais pas <depuis> toujours, ou seulement après le non-être, ou avec un commencement.

Pour rechercher cela, le sixième argument était induit à partir de la fin, qui seule peut induire une nécessité dans les actions qui se font par volonté. La fin de la volonté divine ne peut être que sa <propre> bonté. Mais <Dieu> n'agit pas pour produire dans l'être cette bonté, comme l'artisan agit pour constituer l'œuvre <qu'il réalise> : car sa bonté est éternelle et immuable, en sorte que rien ne peut l'accroître. On ne peut pas dire non plus que Dieu agit en vue de sa <propre> amélioration. Il n'agit pas non plus pour acquérir cette fin, comme le roi combat pour acquérir une cité : car il est lui-même sa propre bonté. Reste donc qu'il agisse en vue de cette fin en tant qu'il produit un effet qui participera à cette fin. Dans une telle production en vue de la fin, il ne faut pas considérer la relation uniforme de la fin à l'agent comme le fondement d'une œuvre sempiternelle ; mais il faut plutôt être attentif à la relation de la fin à l'effet qui se fait en vue de la fin : en sorte que l'effet soit produit de telle façon qu'il soit plus convenablement orienté vers cette fin. Donc, du fait que la fin possède un lien uniforme à l'agent, on ne peut conclure que l'effet sera sempiternel.

Il n'est pas nécessaire que l'effet divin ait été <depuis> toujours, pour la raison qu'alors il serait plus convenablement orienté vers la fin, comme semble l'affirmer le septième argument : <au contraire>, il est plus convenablement orienté vers cette fin par le fait qu'il n'ait pas été <depuis> toujours. Tout agent produisant un effet par participation de sa forme, entend introduire en <cet effet> une similitude de lui-même. Ainsi, il a été convenable pour la divine volonté de produire la créature comme une participation de sa bonté, en sorte que par similitude elle représente la divine bonté. Une telle représentation ne peut se faire par mode d'égalité, comme l'effet univoque représente sa cause, en sorte qu'il faudrait qu'une bonté infinie produise des effets éternels ; mais <plutôt> comme ce qui excède est représenté par ce qui est excédé. L'excès de la divine bonté par rapport à la créature est particulièrement exprimé par le fait que les créatures n'ont pas été <depuis> toujours. Par là apparaît expressément que toutes les autres choses à part <Dieu> lui-même ont un auteur de leur être ; et que la capacité <de Dieu> n'est pas obligée de produire de tels effets, comme les choses naturelles <le sont> vis-à-vis de leurs effets naturels ; et, par conséquent, qu'il est un agent intelligent et volontaire. Mais certains ont posé le contraire, en supposant l'éternité des créatures.

Ainsi, du côté de l'agent, rien ne nous oblige à poser l'éternité des créatures.

Chapitre 36

Solution des arguments qui sont pris du côté des choses faites

Semblablement, il n'est rien qui, du côté de la créature, nous induise nécessairement à poser son éternité.

La nécessité d'être qui se trouve dans les créatures, sur lequel le premier argument fait fond, est une nécessité d'ordre, comme il a été montré précédemment. La nécessité d'ordre ne contraint pas celui qui est l'objet d'une telle nécessité à avoir été <depuis> toujours, comme il a été montré plus haut. Quoique la substance du ciel, par le fait qu'elle manque de la puissance au non-être, possède la nécessité d'être, cette nécessité suit toutefois sa substance. Donc, sa substance étant déjà posée dans l'être, une telle nécessité entraîne une impossibilité de ne pas être. Mais cela ne fait pas qu'il soit impossible que le ciel ne soit pas, si l'on considère la production de sa substance elle-même.

Semblablement, la capacité d'être toujours, à partir de quoi procède le deuxième argument, présuppose la production de la substance. Donc, lorsqu'il s'agit de la production <elle-même> de la substance du ciel, une telle capacité ne peut être un argument suffisant pour la sempiternité <du ciel>.

L'argument induit comme conséquence ne nous force pas <non plus>à poser la sempiternité du mouvement. Il apparaît déjà que, sans mutation de Dieu agissant, il se peut qu'il fasse quelque chose de nouveau et non pas de sempiternel. Mais s'il est possible que quelque chose soit fait par Dieu nouvellement, il est clair que quelque chose <peut> être mû : car la nouveauté du mouvement suit la disposition de la volonté éternelle concernant un mouvement qui ne doit pas être toujours.

Semblablement, l'intention des agents naturels de perpétuer leur <propre> espèce, à partir de laquelle procède le quatrième argument, présuppose des agents naturels déjà produits. Donc cet argument n'a pas lieu <d'être>, sinon dans les choses naturelles déjà produites dans l'être, mais certainement pas lorsqu'il s'agit de la production <elle-même> des choses. Est-il nécessaire toutefois de poser que la génération durera perpétuellement? Cela sera montré dans les questions suivantes.

Le cinquième argument, pris du temps, suppose plus l'éternité du mouvement qu'il ne le prouve. Comme l'avant et l'après et la continuité du temps suivent l'avant et l'après et la continuité du mouvement, selon la doctrine d'Aristote, il est clair que le même instant est principe du futur et fin du passé parce que quelque chose de précis dans le mouvement est principe et fin des diverses parties de ce mouvement. Il n'est donc pas nécessaire que tout instant soit tel, à moins que tout élément pris dans le temps soit <posé> comme un milieu entre un avant et un après dans le mouvement, ce qui serait <précisément> poser un mouvement sempiternel. Si l'on pose que le mouvement n'est pas sempiternel, on peut dire que le premier instant du temps est principe du futur mais fin d'aucun passé. Et il ne répugne pas à la succession du temps qu'il soit posé en lui un instant principe et non fin, parce que la ligne, dans laquelle on pose un point principe et non fin, serait statique et non fluente : parce que, même dans un mouvement particulier, qui n'est pas statique mais fluent, on peut désigner quelque chose comme principe seulement de ce mouvement, et non pas fin : autrement, tout mouvement serait perpétuel, ce qui est impossible.

Qu'il soit posé un non-être du temps avant son être, si le temps a commencé, ne nous contraint pas à dire qu'il faut poser que le temps existe si l'on pose qu'il n'existe pas, comme conclut le sixième argument. Car le mot « avant » que nous utilisons pour dire « avant que le temps n'existe » ne pose pas une partie du temps dans la réalité, mais seulement dans l'imagination. Quand nous disons que le temps a l'être après le non-être, nous comprenons qu'il n'y a pas eu de partie du temps avant cet instant précis : comme, lorsque nous disons qu'au-delà du ciel il n'y a rien, nous ne comprenons pas qu'un lieu existe en dehors du ciel qui puisse être dit « au-delà » par rapport au ciel, mais qu'il n'y a pas de lieu qui soit supérieur au ciel. Dans les deux cas, l'imagination peut apposer une mesure à une chose existante ; et c'est la raison pour laquelle, de même qu'on ne doit pas poser une quantité corporelle infinie, comme il est dit au troisième <livre> des *Physiques*, on ne doit pas poser non plus un temps éternel.

La vérité des propositions qu'il faut que concède même celui qui nie ces propositions, à partir de laquelle procédait le septième argument, révèle une nécessité d'ordre qui est celle du prédicat au sujet. Donc elle n'oblige aucune chose à être toujours : sinon sans doute l'intellect divin, qui est la racine de toute vérité, comme il a été montré au premier <livre>.

Il est donc clair que les arguments pris des créatures n'obligent nullement à poser l'éternité du monde.

Chapitre 37

Solution des arguments qui ont été pris du côté de la création des choses

Il reste donc à montrer qu'aucun argument pris du côté de la production des choses ne peut obliger non plus au même résultat.

La position commune des philosophes, posant qu'à partir du rien rien ne se fait, et à partir de laquelle procède le premier argument, possède une vérité selon le processus qu'ils considèrent. Comme toute notre connaissance commence par le sens, qui porte sur les singuliers, la considération humaine part de considérations particulières pour aboutir à des considérations universelles. Donc ceux qui cherchaient le principe des choses ont <d'abord> seulement considéré les productions particulières des étants, cherchant comment ce feu ou cette pierre est fait. Et alors ces premiers, considérant le processus de production des choses plus extrinsèquement qu'il ne le faudrait, posèrent que la chose était faite selon certaines dispositions accidentelles, comme le rare, le dense et autres choses du même genre, disant par conséquent que le devenir n'est rien d'autre qu'une altération, et c'est pourquoi ils pensaient que tout devenir existe à partir d'un étant en acte. Leurs successeurs, considérant la production des choses de manière plus intrinsèque, parvinrent au devenir des choses selon la substance, posant qu'il n'est pas nécessaire que quelque chose provienne d'un étant en acte sinon par accident, mais que par soi <il provient> d'un étant en puissance. Ce devenir, d'un étant à partir d'un <autre> étant quelconque, est la production d'un étant particulier ; ce qui se fait en tant qu'il est cet étant, un homme ou un feu, et non pas de façon universelle en tant qu'il est : un étant était auparavant, qui s'est transformé en cet <autre> étant. Entrant plus profondément dans l'origine des êtres, <d'autres philosophes> ont finalement considéré la procession de tout l'étant créé à partir d'une unique et première cause : comme cela apparaît à partir des arguments exposés plus haut à ce propos. Dans cette procession de tout l'étant à partir de Dieu, il n'est pas possible que se fasse quelque chose à partir d'une autre chose préexistante : en ce cas, ce ne serait plus la production de tout l'étant créé. Or, à cette production, n'atteignirent pas les premiers <philosophes> naturels, dont c'était la sentence commune que « Du rien, rien ne se fait ». Ou du moins, si certains l'atteignirent, ils ont considéré que le nom de production ne lui convenait pas de façon propre, puisque le nom de production supposerait un mouvement ou une mutation; or, dans cette origine de tout l'étant à partir d'un unique premier étant, on ne peut envisager une transmutation d'un étant en un autre, comme il a été montré. C'est pourquoi ce n'est pas au philosophe de la nature que revient de considérer cette origine des choses, mais plutôt au philosophe premier <ou métaphysicien>, qui considère l'étant commun et les choses qui sont séparées du mouvement. Cependant, nous-mêmes nous transférons ce nom de production à cette origine en vertu d'une certaine similitude, en sorte que nous disons produites les choses quelconques dont l'essence ou nature tire son origine d'autres choses.

De là il apparaît que le deuxième argument, qui est pris de la notion de mouvement, ne conclut pas non plus avec nécessité. Car la création ne peut être dite une mutation que selon une métaphore, selon qu'on considère que l'être créé a eu l'être après le non-être : c'est de cette façon qu'on dit qu'une chose provient d'une autre, même s'il n'y a pas de transmutation de l'une à l'autre, du seul fait que l'une succède à l'autre, comme <par exemple> que le jour vient de la nuit. La notion de mouvement apportée ici ne peut rien y faire : car ce qui n'est d'aucune manière ne possède aucun mode d'être, en sorte qu'il soit possible de conclure que, quand il commence d'être, il serait différent de ce qu'il était auparavant.

De là apparaît qu'il n'est pas nécessaire qu'une puissance passive précède l'être de tout étant créé, comme le conclut le troisième argument. Cela est nécessaire pour ceux qui reçoivent le principe de leur être par un mouvement : car le mouvement est l'acte de ce qui existe en puissance. En revanche, il était possible que l'étant créé soit, avant qu'il ne soit, par la puissance de l'agent, par laquelle d'ailleurs il a commencé d'être. Ou encore, <cela est possible> en vertu de la relation entre les termes, qui ne comporte aucune répugnance : ce possible est affirmé sans nullement <être qualifié comme> une puissance, comme cela apparaît chez le Philosophe, au cinquième <livre> de la *Métaphysique*. Ce prédicat « être » ne répugne pas à ce sujet qu'est le monde ou l'homme, alors que le cercle répugne à la quadrature ; ainsi, il s'ensuit qu'il ne lui est pas impossible d'être, et que par conséquent il lui est possible d'être avant d'être <effectivement>, même s'il n'existe aucune puissance <au sens propre>. Dans les choses qui se font par mouvement, il faut que cela soit possible auparavant par une certaine puissance passive ; et c'est pour ce type de choses que le Philosophe, dans le septième <livre> de la *Métaphysique*, a utilisé cet argument.

Il est clair à partir de là que le quatrième argument ne conclut pas à propos. Car le devenir dans lequel on trouve une succession n'est pas en même temps que l'être de la chose, dans celles qui se font par mouvement. Quant à celles qui ne se font pas par mouvement, il n'y a pas un devenir avant l'être.

Ainsi, il apparaît avec évidence que rien n'empêche de poser que le monde n'a pas toujours été. Ce qu'affirme la foi catholique : « Au commencement, Dieu créa le ciel et la terre » (Gn 1, 1). Et les Proverbes (8, 12) disent de Dieu : « Avant qu'il ne fasse quoi que ce soit, au commencement, etc. ».

Chapitre 38

Arguments par lesquels certains s'efforcent de montrer que le monde n'est pas éternel

Il existe des arguments apportés par certains pour prouver que le monde n'a pas toujours été, <arguments> tirés des <considérations suivantes>.

Que Dieu soit la cause de toutes les choses est démontré. Or il faut que la cause précède par la durée ce qui est fait par l'action de cette cause.

De même. Puisque tout l'étant est créé par Dieu, on ne peut pas dire qu'il est fait à partir d'un autre étant, et il reste donc qu'il soit fait à partir du rien. Et par conséquent qu'il ait l'être après le non-être.

Et encore. Parce qu'on ne peut traverser l'infini. Si le monde avait toujours été, il aurait fallu traverser l'infini : car ce qui est passé doit avoir été traversé ; il y aurait une infinité de jours ou de mouvements circulaires du soleil passés, si le monde avait toujours été.

En outre. Il s'ensuivrait qu'à l'infini on pourrait ajouter : puisque, aux jours ou mouvements circulaires <du soleil> passés, on ajouterait nouvellement chaque jour <quelque chose>.

De plus. Il s'ensuivrait que dans les causes efficientes, il faudrait procéder à l'infini, si la génération avait toujours été, ce qu'il faudrait affirmer si le monde existait <depuis> toujours ; car le père est cause du fils, et un autre est son propre <père>, et ainsi à l'infini.

Derechef. Il s'ensuivrait qu'il y aurait des choses infinies : à savoir les âmes immortelles de l'infinité des hommes du passé.

Ces arguments, parce qu'ils ne concluent pas avec nécessité en tous points, quoiqu'ils aient une <certaine> probabilité, il suffit de les évoquer en passant, pour que la foi catholique ne semble pas appuyée sur de vains arguments plutôt que sur la très solide doctrine de Dieu. Et donc il semble convenable d'exposer comment il y est répondu par ceux qui ont posé l'éternité du monde.

Ce qui est dit en premier, qu'un agent précède nécessairement l'effet qui se réalise par son opération, est vrai en ce qui concerne <les causes> qui réalisent quelque chose par un mouvement. Car l'effet n'existe alors que comme terme du mouvement : il est donc nécessaire que l'agent soit quand le mouvement commence. Pour <les causes> qui agissent instantanément, ce n'est pas nécessaire : comme <c'est le cas pour> le soleil qui, au moment même où il atteint le point du jour, illumine notre hémisphère.

Ce qui est dit en deuxième n'est pas efficace. A <la proposition> « Quelque chose est fait à partir d'une <autre> chose », la contradictoire qu'il faut lui opposer si <cette proposition> n'est pas exacte, c'est « Quelque chose n'est pas fait à partir d'une <autre> chose » ; et non pas « Quelque chose est fait à partir du rien », sauf au sens du premier point ; et donc, à partir de là, on ne peut conclure que cela est fait après le non-être.

Ce qui est posé en troisième n'est pas contraignant. Car l'infini, même s'il n'existe pas en acte simultanément, peut cependant exister dans la succession : car chaque infini pris ainsi est <en réalité> fini. Chaque mouvement circulaire des <jours> qui ont précédé a pu être traversé, puisqu'il est fini. Mais si le monde existait depuis toujours, en les prenant tous ensemble, on ne pourrait pas leur trouver de premier. Et donc, il n'y aurait pas de traversée, laquelle exige toujours deux extrêmes.

Ce qui est proposé en quatrième est débile. Car rien n'empêche qu'à l'infini soit faite une addition du côté où il est fini. De ce que l'on pose un temps éternel, il s'ensuit qu'il est infini du côté de l'avant, mais qu'il est fini du côté de l'après : car le présent est le terme du passé.

Ce qui est objecté en cinquième n'est pas contraignant. Car, que des causes agentes procèdent à l'infini est impossible, selon les philosophes, mais dans les causes agissant simultanément : car il serait <alors> nécessaire que l'effet dépende de causes en nombre infini existant simultanément. Et telles sont les causes par soi en nombre infini : car leur infinité est requise pour <qu'apparaisse> le causé. Mais pour les causes n'agissant pas simultanément, cela n'est pas impossible, selon ceux <mêmes> qui posent une génération perpétuelle. Cette infinité advient accidentellement aux causes : il advient accidentellement au père de Socrate qu'il soit ou non <lui-même> le fils d'un autre. Mais ce n'est pas accidentellement qu'il advient au bâton, en tant qu'il meut la pierre, d'être <lui-même> mû par la main : car il meut en tant qu'il est mû.

Ce qui est objecté à propos des âmes est le plus difficile. Cet argument, cependant, n'est pas très utile : car il présuppose beaucoup de choses. Quelques-uns de ceux qui posent l'éternité du monde ont posé aussi que les âmes humaines ne sont plus après les corps. Quelques-uns <ont posé> que, de toutes les âmes, il ne demeure plus qu'un intellect séparé : <l'intellect> agent, selon les uns ; <l'intellect> possible, selon les autres. Quelques-uns ont posé la circulation des âmes, disant que les mêmes âmes revenaient après quelques siècles dans des corps. Quelques-uns n'estiment pas inconvenant qu'il existe des choses infinies en acte dans la mesure où elles n'ont pas d'ordre entre elles.

Mais on peut procéder plus efficacement pour montrer
<que le monde n'est pas éternel>, à partir de la fin de la
volonté divine, comme il a été évoqué plus haut. La fin
de la volonté divine dans la production des choses est
sa <propre> bonté en tant qu'elle est manifestée par les
<choses> causées. La capacité et la bonté divines sont
manifestées au plus haut point par le fait que les choses
autres que <Dieu> lui-même ne sont pas <depuis>
toujours. Par là il est montré de façon manifeste que
les choses autres que lui-même ont l'être à partir de lui,
puisqu'elles n'ont pas toujours été. Cela montre aussi qu'il
n'agit pas par une nécessité de nature ; et que sa capacité
est infinie dans l'action. Il a donc été très convenable
pour la bonté divine de donner un commencement de
durée aux choses créées.

Par ce qui a été dit jusqu'ici, nous pouvons éviter les
diverses erreurs des philosophes païens. Dont certains ont
posé que le monde est éternel. Certains <ont posé> que
la matière du monde est éternelle, et qu'à partir d'elle,
après un certain temps, le monde a commencé à être
engendré : soit par le hasard ; soit par une intelligence ;
soit par l'amour ou la querelle. Par tous ceux-là, il est
posé quelque chose d'éternel en dehors de Dieu. Ce qui
répugne à la foi catholique.

COMPENDIUM THEOLOGIAE
c. 97-99

Source : *Sancti Thomae de Aquino Opera omnia jussu Leonis XIII P.M. edita cura et studio Fratrum Praedicatorum tomus XLII, [continens] Compendium theologiae, De articulis fidei et Ecclesiae sacramentis, Responsio de 108 articulis, Responsio de 43 articulis, Responsio de 36 articulis, Responsio de 6 articulis, Epistola ad ducissam Brabantiae, De emptione et venditione ad tempus, Epistola ad Bernardum abbatem casinensem, De regno ad regem Cypri, De secreto*, Roma, Editori di San Tommaso, 1979.

Chapitre 97
Que Dieu est immuable en son action
De ce que <Dieu> produit les choses dans l'être par sa volonté, il est manifeste qu'il peut produire nouvellement ces choses dans l'être sans mutation de sa part. C'est <toute> la différence entre un agent naturel et un agent volontaire : l'agent naturel agit selon le même mode, tout le temps où il existe lui-même selon le même mode, dans la mesure où il fait selon ce qu'il est ; tandis que l'agent volontaire agit <en fonction de> ce qu'il veut. Il peut arriver, sans mutation de sa part, qu'il veuille agir maintenant et ne pas agir auparavant.

Rien n'empêche qu'il y ait chez quelqu'un la volonté
d'agir postérieurement, bien qu'il n'agisse pas <pour le
moment>. Il peut donc arriver, sans mutation de Dieu,
que Dieu, quoiqu'il soit éternel, produise les choses dans
l'être <mais> non de <toute> éternité.

Chapitre 98
Argument prouvant que le mouvement existe de
<toute> éternité, et sa solution
Il semble que même si Dieu, par sa volonté éternelle
et immuable, peut produire un effet nouveau, il soit
nécessaire qu'un certain mouvement précède le nouvel
effet. Nous ne voyons pas qu'une volonté retarde ce
qu'elle veut faire, sinon à cause de quelque chose qui,
soit existe maintenant et cessera postérieurement, soit
n'existe pas <encore> et est attendu dans le futur. Comme
l'homme, en été, a la volonté de se couvrir d'un vêtement,
dont il ne veut pas se couvrir maintenant, mais seulement
dans le futur, car pour le moment c'est la chaleur, qui
cessera à l'arrivée postérieure du froid. Si donc Dieu a
voulu de <toute> éternité produire un effet et ne l'a pas
produit de <toute> éternité, il semble que ce soit parce
qu'il attendait, dans le futur, soit quelque chose qui
n'était pas encore, soit quelque chose qui devait cesser
d'être alors qu'il était à ce moment-là. Or aucun des deux
ne peut advenir sans mouvement. Il semble donc qu'un
effet ne peut être produit postérieurement par une volonté
antécédente sinon par un mouvement antécédent. Si donc
la volonté de Dieu de produire les choses a été éternelle,
et que lesdites choses n'ont pas été produites de <toute>
éternité, il faut qu'un mouvement précède leur production,
et par conséquent <que précèdent aussi> des mobiles.

Et si ces <derniers> sont produits par Dieu mais pas de <toute> éternité, il faut encore que préexistent d'autres mouvements et d'autres mobiles, et ceci à l'infini.

La solution de cette objection peut être exposée facilement, si l'on considère la différence entre l'agent universel et l'agent particulier. Car l'agent particulier réalise une action proportionnée à la règle et à la mesure que l'agent universel lui a imposées. Ce qui apparaît dans la vie sociale, car le législateur propose la loi comme la règle et la mesure selon laquelle il faut que le juge particulier juge. Le temps est la mesure des actions qui se font dans le temps : l'agent particulier réalise donc une action proportionnée au temps, en sorte qu'il agit maintenant et non avant pour une raison déterminée. Mais l'agent universel, qui est Dieu, a <lui-même> institué cette mesure qu'est le temps, et <cela> selon sa volonté : le temps lui-même fait partie des choses produites par Dieu. De même que la quantité et la mesure de n'importe quelle chose est telle que Dieu a voulu la lui attribuer, de même la quantité de temps est telle pour elle que Dieu a voulu la lui donner, en sorte que le temps et les choses qui sont dans le temps ont commencé d'être au moment précis où Dieu a voulu qu'ils soient. L'objection présentée procède comme <s'il s'agissait> d'un agent qui présuppose le temps et agit dans le temps, et non pas <de l'agent> qui institue le temps. La question par laquelle on recherche pourquoi la volonté éternelle a produit un effet maintenant et non avant présuppose <en réalité> un temps préexistant, car « maintenant » et « avant » sont des parties du temps. En ce qui concerne la production de l'ensemble des choses, parmi lesquelles il faut placer même le temps, il ne faut pas chercher pourquoi <les choses ont été faites> maintenant et non avant, mais pourquoi <Dieu> a voulu qu'existe la mesure de ce temps : ce qui dépend de la divine volonté, à laquelle est indifférent d'assigner telle quantité ou telle autre au temps.

Ce qu'on peut <mieux comprendre> en considérant la quantité dimensive du monde. Personne ne cherche pourquoi Dieu a placé le monde corporel en tel lieu et non au dessus ou au dessous ou dans une position différente, <tout simplement> parce qu'il n'existe pas de lieu en dehors du monde. Que telle quantité soit attribuée au monde corporel provient de la volonté divine, en sorte que rien <de ce monde> ne soit hors de ce lieu selon une quelconque position différente. Quoique avant le monde le temps n'était pas, ni le lieu en dehors du monde, nous utilisons cependant un tel mode de parler, en sorte que nous disons qu'avant le monde il n'y avait rien sinon Dieu, et qu'en dehors du monde il n'y a aucun corps, utilisant les mots « avant » et « en dehors » du temps ou du lieu seulement selon l'imagination.

Chapitre 99

Arguments montrant qu'il est nécessaire que la matière précède de <toute> éternité la création du monde, et leurs solutions

Il semble que, même si la production des choses parfaites n'a pas été de <toute> éternité, il est nécessaire que la matière ait été de <toute> éternité. Tout ce qui a l'être après le non-être passe du non-être à l'être. Si donc les choses créées, comme le ciel, la terre et les autres du même genre, n'ont pas été de <toute> éternité, mais ont commencé d'être après n'avoir pas été, il est nécessaire de dire qu'elles sont passées du non-être à l'être. Or toute mutation et tout mouvement possèdent un sujet, puisque le mouvement est l'acte de ce qui existe en puissance. Le sujet de la mutation, par lequel une chose est produite dans l'être, n'est pas la chose produite elle-même, puisque celle-ci est le terme du mouvement. Le terme du mouvement, en effet, n'est pas la même chose que le sujet, mais le sujet de la dite mutation est ce à partir de quoi la chose est produite, et qu'on appelle la matière. Il semble donc, si les choses sont produites dans l'être après n'avoir pas été, qu'il soit nécessaire qu'une matière leur préexiste ; laquelle, si <on envisage> qu'elle soit produite après n'avoir pas été, a nécessairement besoin d'une autre matière précédente. Mais on ne peut procéder à l'infini : il reste donc qu'il faut parvenir à une matière éternelle qui n'ait pas été produite après n'avoir pas été.

De même, si le monde a commencé d'être après n'avoir pas été, alors, avant que le monde soit, ou bien il était possible que le monde soit ou advienne, ou bien cela n'était pas possible. S'il n'était pas possible qu'il soit ou qu'il advienne, alors par équivalence il était impossible que le monde soit ou advienne. Mais <dire> qu'il est impossible que quelque chose advienne, <c'est dire> qu'il est nécessaire que ce quelque chose n'advienne pas : il serait donc nécessaire que le monde n'ait pas été fait. Puisque c'est manifestement faux, il est nécessaire de dire, si le monde a commencé d'être après n'avoir pas été, qu'il était possible, avant qu'il soit, qu'il soit ou qu'il advienne : donc, il y avait quelque chose en puissance du devenir et de l'être du monde. Ce qui est en puissance du devenir et de l'être de quelque chose est sa matière, comme le bois, <par exemple>, vis-à-vis du banc. Donc il semble nécessaire que la matière soit <depuis> toujours, même si le monde n'a pas toujours été.

Mais puisqu'il a été montré plus haut que la matière elle-même n'est que par Dieu, par une raison semblable la foi catholique n'admet pas que la matière soit éternelle, pas plus que le monde n'est éternel. Il était opportun d'exprimer de cette façon la causalité divine à travers les choses elles-mêmes, de sorte que les choses produites par <Dieu> commencent d'être après n'avoir pas été : cela montre de façon évidente et manifeste qu'elles n'ont pas leur être par elles-mêmes, mais par leur auteur éternel. Mais nous ne sommes pas contraints par ces susdits arguments de poser l'éternité de la matière. Car la production de l'ensemble des choses ne peut être dite au sens propre une mutation : dans aucune mutation le sujet de la mutation <lui-même> n'est produit par mutation, car ne sont pas une même chose le sujet de la mutation et son terme, comme il a été dit. Puisque la production de l'ensemble des choses par Dieu, que l'on appelle création, s'étend à tout ce qui est dans le réel, une telle production ne peut avoir au sens propre raison de mutation, même si les choses créées sont produites dans l'être après n'avoir pas été. Être après n'avoir pas été ne suffit pas à une vraie raison de mutation, si l'on ne suppose pas <aussi> un sujet qui, à tel moment, est sous la privation et, à tel <autre> moment, est sous la forme. Ainsi, en certaines circonstances, nous trouvons cette <succession> d'un état vers un autre, pour des <choses> où, au sens propre, la raison de mouvement ou de mutation n'existe pas, comme quand on dit que du jour provient la nuit. Et donc, même si le monde commence d'être après n'avoir pas été, il n'est pas nécessaire que cela se soit fait par une mutation, mais <cela s'est fait> par création ; qui, en vérité, n'est pas une mutation, mais une relation de la chose créée au créateur, dépendante de lui selon son être, avec un <certain> ordre au non-être précédent. Dans toute mutation il faut qu'une même chose existe autrement et autrement, dans le sens où à un moment elle se trouve dans un certain état, et ensuite dans un autre état. Ce qu'on ne trouve pas dans la création selon la vérité de la chose, mais seulement selon l'imagination, dans la mesure où nous imaginons qu'une seule et même chose d'abord n'était pas auparavant, et ensuite a été ; c'est ainsi, selon une certaine similitude, que la création peut être dite mutation.

Semblablement, la seconde objection ne contraint pas non plus. Même s'il est vrai de dire qu'avant que le monde soit, il était possible que le monde soit ou advienne, il n'est pas nécessaire de l'affirmer selon une certaine puissance. On appelle possible, dans les énoncés, ce qui signifie un certain mode de vérité, en tant qu'il n'y a <en eux> rien de nécessaire ni d'impossible ; et un tel possible n'est pas énoncé en rapport avec une certaine puissance, comme le Philosophe l'enseigne au cinquième <livre> de la *Métaphysique*. Et même si on l'énonce en rapport avec une certaine puissance, il n'est pas nécessaire de le faire en rapport avec une puissance passive, mais plutôt en rapport avec une puissance active. En sorte que dire que le monde était possible avant qu'il soit, doit être compris dans le sens où Dieu pouvait produire le monde dans l'être avant qu'il ne le produise <effectivement>. Donc, nous ne sommes pas contraints de poser que la matière préexiste au monde. Ainsi, la foi catholique ne pose rien de coéternel à Dieu, et pour cette raison confesse qu'il est « créateur » et qu'il a « fait toutes les choses visibles et invisibles ».

partir d'autre chose : car ce serait soit à partir de l'essence divine, ce qui est impossible ; soit à partir d'encore autre chose. Si cette autre chose n'était pas faite, alors quelque chose existerait en dehors de Dieu qui n'aurait pas été créé par lui, ce qui a été démontré faux plus haut ; si <cette autre chose> était faite à partir d'un autre, soit il faudrait procéder à l'infini, ce qui est impossible, soit il faudrait aboutir à quelque chose qui est fait à partir de rien. Mais il est impossible que ce qui a été fait à partir de rien existe <depuis> toujours. Donc, il est impossible que la créature existe <depuis> toujours.

En outre, il est de la raison <même> de l'éternité de n'avoir pas de principe, mais de la raison de la créature d'avoir un principe. Donc nulle créature ne peut être éternelle.

En outre, la créature est mesurée par le temps ou par l'*œvum*. Mais l'*œvum* et le temps diffèrent de l'éternité. Donc la créature ne peut être éternelle.

En outre, si quelque chose est créé, il faut donner un certain instant où <cette chose> a été créée. Mais avant cela, elle n'existait pas. Donc il faut dire que la créature n'a pas toujours existé.

Je réponds. Il faut dire, selon le Philosophe, que le possible est dit quelquefois selon une certaine puissance, quelquefois sans aucune puissance : cette puissance étant soit active, soit passive. Selon la <puissance> active, comme lorsque l'on dit qu'il est possible au bâtisseur de bâtir ; selon la <puissance> passive, comme lorsque l'on dit qu'il est possible au bois de brûler.

On dit aussi quelquefois que quelque chose est possible, non selon une quelconque puissance, mais soit de façon métaphorique, comme en géométrie on dit qu'une ligne est une puissance rationnelle, parce qu'elle est mise de côté pour l'instant ; soit de façon absolue, quand tout simplement les termes de l'énonciation n'ont entre eux aucune répugnance.

Mais, au contraire, c'est impossible quand ils répugnent entre eux : comme on dit qu'il est impossible que l'affirmation et la négation existent simultanément, non parce que ce serait impossible pour un agent ou un patient quelconque, mais parce que c'est impossible en soi, dans la mesure où cela se contredit soi-même.

Si donc on considère cet énoncé, que quelque chose différent en substance mais existant par Dieu ait toujours été, on ne peut pas dire que ce soit impossible en soi, comme si cela se contredisait soi-même : « être par un autre » ne répugne pas à « être toujours », comme il a été montré plus haut ; sinon quand quelque chose procède d'un autre par mouvement, ce qui n'intervient pas dans l'apparition des choses à partir de Dieu. Et pour ce que l'on ajoute, « différent en substance », aucune répugnance n'apparaît non plus à l'intelligence, absolument parlant, concernant le fait que ce qui est ait toujours été.

Si nous prenons le possible dans le sens de la puissance active, alors en Dieu ne manque pas la puissance de produire de <toute> éternité une essence autre que lui. Si on le réfère, au contraire, à la puissance passive, alors, étant supposé la vérité de la foi catholique, cela ne peut être dit, que quelque chose procédant de Dieu et différent dans l'essence ait pu être toujours. La foi catholique suppose, en effet, que tout ce qui est, hormis Dieu, à un moment n'a pas été. De même qu'il est impossible, étant posé que quelque chose a été à un certain moment, <d'affirmer> que cela n'a jamais été ; de même il est impossible, étant posé que quelque chose n'a pas été à un certain moment, <d'affirmer> que cela a toujours été.

D'où certains disent que cela est possible du côté de Dieu créateur, mais <impossible> du côté d'une essence créée par Dieu, en raison de la supposition contraire que fait la foi.

A la première <objection>, il faut dire que cet argument procède à partir de la puissance de celui qui fait, non à partir de ce qui est fait, à propos de quoi on a fait la supposition qu'à un moment cela n'a pas été.

A la deuxième <objection>, il faut dire que même si la créature avait toujours été, elle ne serait pas purement et simplement équiparée à Dieu, mais seulement selon qu'elle l'imite ; ce qui n'est pas un inconvénient ; et donc cette objection est peu efficace.

A la troisième <objection>, il faut dire que dans une Personne divine il n'y a rien qu'on suppose n'avoir pas été à un moment, comme c'est le cas pour toute essence différente de Dieu.

A la quatrième <objection>, il faut dire que cette objection procède à partir de la puissance de celui qui fait ; laquelle n'est pas diminuée par sa volonté, sinon en tant que, par décision de la volonté divine, il a été <établi> que la créature ne serait pas toujours.

Ainsi devient claire la réponse à la cinquième objection.

A la sixième <objection>, il faut dire que, si l'on pose que la créature a été avant un quelconque temps donné, l'affirmation de la foi est sauvegardée, par laquelle il est posé que rien n'a été depuis toujours excepté Dieu. En revanche, elle n'est pas sauvegardée si l'on pose que <la créature> a toujours été. Donc <les deux affirmations> ne sont pas semblables. Toutefois, il faut savoir que cette forme d'argumentation n'est pas valable. Dieu peut faire n'importe quelle créature meilleure <qu'elle

n'est actuellement>, et cependant il ne peut pas faire une créature d'une bonté infinie. Car la bonté infinie répugne à la condition de créature, mais non pas une bonté déterminée, quelque grande <qu'elle soit>. Il faut savoir que si l'on dit que Dieu aurait pu faire le monde avant qu'il ne l'a fait : si cette priorité est rapportée à la puissance de celui qui fait, c'est indubitablement vrai, car de <toute> éternité lui appartient la puissance de faire, et que l'éternité précède le temps de la création. Si <cette priorité> est rapportée à l'être de la <chose> qui est faite, en sorte qu'on comprenne que, avant l'instant de la création du monde, un temps réel existerait, à l'intérieur duquel le monde pourrait être fait : il est clair que c'est tout à fait faux, car avant le monde le mouvement n'existait pas, et donc pas non plus le temps. Nous pouvons toutefois imaginer un certain temps avant le monde ; comme <nous pouvons imaginer> une hauteur ou des dimensions en dehors du ciel. De cette façon, nous pouvons dire que <Dieu> aurait pu élever plus haut le ciel, ou faire <le monde> avant <qu'il ne l'a fait> ; parce qu'il aurait pu faire un temps plus long ou une hauteur plus grande.

A la septième <objection>, il faut dire que les Platoniciens comprennent cela sans supposer la vérité de la foi, à laquelle ils sont étrangers.

A la huitième <objection>, il faut dire que cet argument ne prouve pas autre chose que le fait qu'être fait et être <depuis> toujours, considérés en soi, n'ont pas une répugnance réciproque ; c'est pourquoi <cet argument> procède du possible <pris> dans l'absolu.

A la neuvième <objection>, il faut dire que cet argument procède du possible <pris> du côté de la puissance active.

Mais parce que les arguments opposés semblent conclure que cela n'est possible selon aucune considération, il faut aussi leur répondre.

A la première <objection>, il faut dire que selon Boèce à la fin de *La consolation de la philosophie*, même si le monde avait toujours été, il ne serait pas coéternel à Dieu car sa durée ne serait pas entièrement simultanée, ce qui est requis à la raison d'éternité. L'éternité, en effet, est la possession entièrement simultanée et parfaite d'une vie interminable, comme il est dit au même endroit. La succession du temps est causée par le mouvement, comme il apparaît à partir du Philosophe. Donc, ce qui est soumis à la mutabilité, même si cela avait toujours été, ne peut être éternel <au sens propre>; et c'est pour cela qu'Augustin dit que nulle créature ne peut être coéternelle à l'invariable essence de la Trinité.

A la deuxième <objection>, il faut dire que le Damascène parle en supposant la vérité de la foi : ce qui apparaît dans le fait qu'il dit que cela a été conduit du non-être à l'être, etc.

A la troisième <objection>, il faut dire que la variabilité, de soi, exclut l'éternité <au sens propre>, mais non la durée infinie.

A la quatrième <objection>, il faut dire que ce qui dépend d'un autre, ne peut jamais être sinon par l'influx de celui par lequel il est; et si celui-ci a toujours été, lui-même sera toujours.

A la cinquième <objection>, il faut dire qu'il ne s'ensuit pas, du fait que Dieu pourrait faire une chose, qu'il l'a faite, dans la mesure où il est un agent par volonté, non par nécessité de nature. Ce qui est dit, que dans les choses sempiternelles l'être et le pouvoir-être ne diffèrent pas, doit être compris selon la puissance passive, non selon la puissance active. La puissance passive non jointe à l'acte est un principe de corruption, et c'est pourquoi elle répugne à la sempiternité. Mais l'effet de la puissance active non existant en acte n'apporte aucun préjudice à la perfection de la cause agente, tout spécialement dans les causes volontaires. L'effet n'est pas la perfection de la puissance active à la façon dont la forme <est la perfection> de la puissance passive.

A la sixième <objection>, il faut dire, concernant la production des premières créatures, que notre intelligence ne peut en rendre raison, parce qu'elle ne peut comprendre cet art qui est la seule raison pour laquelle ces dites créatures obtiennent un tel mode <d'être>. Donc, de même que l'homme ne peut rendre raison du fait que le ciel est tel et non pas plus vaste ; de même il ne peut rendre raison du fait que le monde n'a pas été fait plus tôt, dans la mesure où les deux sont soumis à la <seule> puissance divine.

A la septième <objection>, il faut dire que les premières créatures n'ont pas été produites à partir de quelque chose, mais à partir de rien. Mais qu'elles n'aient d'abord pas été pour ensuite être produites dans l'être n'est pas nécessaire en raison même de leur mode de production, mais en raison de la vérité que la foi présuppose. Donc il ne peut y avoir qu'un seul sens à l'affirmation susdite, selon Anselme : quand on dit que la créature est faite à partir de rien, c'est parce qu'elle n'est pas faite à partir de quelque chose, en sorte que la négation inclut la préposition et ne soit pas incluse par elle, en sorte qu'ici la négation nie un ordre à quelque chose, qu'en soi la préposition suppose ; car <ici> la préposition ne suppose pas un ordre avec le rien. Si cependant un ordre avec le rien restait affirmé, la préposition incluant la négation, même alors il ne serait pas nécessaire que la créature ait été un rien à un moment quelconque. Il peut être dit, comme le dit Avicenne, que le non-être précède l'être de la chose, non par la durée mais par la nature. Car si <cette chose> était laissée à elle-même, elle ne serait rien : puisqu'elle a l'être seulement grâce à un autre. Or, ce qui appartient à une nature quelconque de par elle-même lui convient naturellement avant ce qui lui appartient de par un autre.

A la huitième <objection>, il faut dire qu'il est de la raison de l'éternel de ne pas avoir de principe de durée ; et de la raison de la création d'avoir un principe d'origine, mais non de durée ; sinon en prenant la création comme la prend la foi.

A la neuvième <objection>, il faut dire que l'*ævum* et le temps diffèrent de l'éternité, non seulement en raison du commencement de la durée, mais aussi en raison de la succession. En soi, le temps est successif ; à l'*ævum* la succession est adjointe selon que les substances éternelles sont variables d'un côté, même si d'un autre côté elles ne varient pas, selon qu'elles sont mesurées par l'*ævum*. Mais l'éternité ni ne contient de succession, ni n'est adjointe à une succession.

A la dixième <objection>, il faut dire que l'opération par laquelle Dieu produit les choses dans l'être, ne doit pas être comprise comme l'opération d'un artisan qui fait une armoire et ensuite la quitte ; mais <il faut dire> que Dieu entretient continuellement l'être, comme le dit Augustin ; donc il n'est pas nécessaire d'assigner un certain instant de la production des choses avant lequel elles n'auraient pas été produites, sinon en raison de la supposition de la foi.

Dix-septièmement, on se demande si le monde a toujours existé.

Il semble que oui.

Car le propre suit toujours ce dont il est le propre. Mais, comme dit Denys, c'est le propre de la divine bonté d'appeler les choses à être pour se communiquer lui-même ; ce qu'il fait en produisant les créatures. Et comme la bonté divine a toujours été, il semble qu'elle ait produit <depuis> toujours les créatures dans l'être ; et ainsi il semble que le monde a toujours été.

En outre, Dieu ne dénie à aucune créature ce dont elle est capable selon sa nature. Mais certaines créatures sont d'une nature capable d'être toujours : le ciel, par exemple. Donc, il semble qu'il a été attribué au ciel d'être toujours. Mais, le ciel existant, il faut poser que les autres créatures sont, comme le prouve le Philosophe, au deuxième <livre> *Du ciel et du monde*. Preuve de la mineure. Tout ce qui est incorruptible a la capacité d'être toujours : parce que s'il n'avait la capacité que d'être seulement pour un temps déterminé, il ne pourrait être toujours et ainsi il ne serait pas incorruptible. Or le ciel est incorruptible. Donc il possède une nature <apte> à être toujours.

Mais il faut dire que le ciel n'est pas purement et simplement incorruptible : il tomberait en effet dans le néant, si par la puissance de Dieu il n'était pas maintenu dans l'être. – Mais contre cela, il ne faut pas estimer que quelque chose est possible ou contingent, du fait que sa destruction suit la destruction du conséquent ; quoiqu'il soit nécessaire que l'homme soit un animal, cependant sa destruction suit la destruction de cette conséquence que l'homme est une substance. Il ne semble donc pas qu'on puisse dire que le ciel soit corruptible, du fait que son non-être suivrait une position par laquelle Dieu serait posé comme soustrayant son secours divin aux créatures.

En outre, comme Avicenne le prouve dans sa *Métaphysique*, n'importe quel effet, dans son rapport à sa cause, est nécessaire ; car si, la cause étant posée, l'effet ne s'ensuivait pas nécessairement, alors, la cause étant posée, il serait possible que l'effet soit ou ne soit pas. Mais ce qui est en puissance n'est amené à l'acte que par quelque chose qui est en acte. Donc il serait nécessaire qu'outre la susdite cause, il existe une autre cause qui fasse passer l'effet à l'acte à partir de cette puissance qui lui rend possible, la cause étant posée, d'être ou de ne pas être. De là on peut conclure qu'étant posée la cause suffisante, il est nécessaire que <l'effet> lui-même soit posé. Or Dieu est la cause suffisante du monde. Et comme Dieu a toujours été, de même le monde a toujours été.

En outre, tout ce qui est avant le temps est éternel ; l'*ævum* n'est pas avant le temps, mais il commence en même temps que le temps. Mais le monde a été avant le temps, il a été créé au premier instant du temps, ce qui prouve qu'il a été avant le temps ; il est dit en effet dans la Genèse (1, 1) : « Au commencement, Dieu créa le ciel et la terre », c'est-à-dire au commencement du temps. Donc le monde est de <toute> éternité.

En outre, le même demeurant le même, fait toujours le même, sauf s'il est empêché. Or Dieu demeure toujours le même, comme on le lit au psaume 101, 28 : « Vous-même demeurez toujours le même ». Et comme, en son action, il ne peut être empêché, en raison de l'infinité de sa puissance, il semble qu'il fasse toujours le même. Ainsi, comme il a produit le monde à un certain moment, il semble aussi qu'il l'ait produit <depuis> toujours et de <toute> éternité.

En outre, de même que l'homme veut nécessairement sa béatitude, ainsi Dieu veut nécessairement sa bonté et tout ce qui la concerne. Or, à la bonté divine appartient la production des créatures dans l'être. Donc Dieu la veut nécessairement ; et ainsi il semble que de <toute> éternité il a voulu produire les créatures, comme il a voulu de <toute> éternité qu'existe sa propre bonté.

Mais il faut dire qu'à la bonté de Dieu il appartient de produire les créatures dans l'être, mais non de les produire dans l'être de <toute> éternité. – Contre cela, il est d'une plus grande libéralité de donner tôt que tard. Or la libéralité de la divine bonté est infinie. Donc, il semble qu'il a donné l'être aux créatures de <toute> éternité.

En outre, Augustin dit : « Je te dis de vouloir faire si tu le peux ». Mais Dieu veut de <toute> éternité produire le monde ; autrement, il aurait changé si lui advenait une volonté nouvelle de créer le monde. Et comme aucune impuissance ne lui convient, il semble qu'il ait produit le monde de <toute> éternité.

En outre, si le monde n'a pas existé toujours, alors, avant que le monde soit, il était possible qu'il soit, ou bien non. Si ce n'était pas possible, alors il était impossible qu'il soit, et nécessaire qu'il ne soit pas ; et ainsi, jamais il n'aurait été produit dans l'être. Mais s'il était possible qu'il soit, alors il y avait une certaine puissance vis-à-vis de cette <existence> ; et donc il y avait un certain sujet ou une certaine matière, puisque la puissance ne peut être sinon dans un sujet. Mais s'il y avait une matière, il y avait aussi une forme ; car la matière ne peut être entièrement dénuée de forme. Ainsi, il y avait un certain corps composé de matière et de forme, et par conséquent existait tout l'univers.

En outre, tout ce qui s'est fait en acte après avoir été possible à advenir, est passé de la puissance à l'acte. Mais s'il était possible, avant qu'il ne soit, que le monde advienne, il faudrait dire que le monde est passé de la puissance à l'acte ; et donc que la matière a précédé, et est éternelle ; de quoi s'ensuit la même chose que plus haut.

En outre, tout agent qui commence à agir nouvellement, est mû de la puissance à l'acte. Mais cela ne peut convenir à Dieu, puisqu'il est parfaitement immobile. Donc il semble qu'il ne commence pas à agir nouvellement, mais qu'il a produit le monde de <toute> éternité.

En outre, pour l'agent par volonté, s'il commence à faire ce qu'il voulait <déjà> auparavant, alors que jusqu'ici il ne le faisait pas, il faut poser quelque chose induisant <cet agent> à agir, qui auparavant ne l'induisait pas : en quelque sorte, il faut le réveiller. Mais on ne peut pas dire qu'il y a eu quelque chose d'autre que Dieu avant le monde, qui l'aurait induit à agir nouvellement. Comme de <toute> éternité il a voulu faire le monde (autrement, quelque chose s'ajouterait à sa volonté), il semble qu'il l'ait fait de <toute> éternité.

En outre, rien ne meut la volonté divine à agir, sinon sa bonté. Mais la bonté divine existe toujours selon le même mode. Donc la volonté divine existe toujours pour produire les créatures ; et ainsi, elle a produit les créatures de <toute> éternité.

En outre, ce qui est toujours au principe et à la fin de lui-même ne commence ni ne finit jamais : car chaque chose est après le principe d'elle-même et avant sa <propre> fin. Or le temps est toujours au principe et à la fin de lui-même : rien n'est du temps si ce n'est l'instant, qui est la fin du passé et le principe du futur. Donc le temps ne commence ni ne finit jamais, mais il est toujours. Par conséquent le mouvement est toujours, comme le mobile, et comme le monde entier : car le temps n'est pas sans le mouvement, ni le mouvement sans le mobile, ni le mobile sans le monde.

Mais il faut dire que le premier instant du temps n'est pas la fin du passé, ni le dernier <instant du temps> n'est le principe du futur. – Mais contre cela, l'instant du temps est toujours considéré comme s'écoulant, et en cela il diffère de l'instant de l'éternité. Or, ce qui s'écoule, s'écoule d'une <réalité> à l'autre. Donc il faut que tout instant s'écoule d'un instant précédent vers un <instant> suivant. Il est ainsi impossible qu'il y ait un premier ou un ultime instant.

En outre, le mouvement suit le mobile, et le temps suit le mouvement. Mais le premier mobile, puisqu'il est circulaire, n'a pas de principe ni de fin : car, dans un cercle, on ne peut trouver un principe ou une fin en acte. Donc, ni le mouvement ni le temps n'ont de principe ; et ainsi, même <conclusion> que plus haut.

Mais il faut dire que, quoique un corps circulaire n'ait pas de principe de sa grandeur, il a cependant un principe de sa durée. – Mais contre cela, la durée du mouvement suit la mesure de la grandeur : car, selon le Philosophe, telle est la grandeur, et tel est le mouvement, et tel est le temps. Si donc, dans la grandeur du corps circulaire, il n'y a pas de principe, il n'y a pas non plus de principe dans la grandeur du mouvement ni du temps, et par conséquent pas non plus dans leur durée, puisque leur durée, et principalement celle du temps, est leur grandeur.

En outre, Dieu est cause des choses par sa science. La science est dite relativement à ce qui est connaissable. Et puisque les natures relatives existent ensemble, il semble

que les choses aient été produites par lui de <toute>
éternité.

En outre, Dieu précède le monde soit seulement par
la nature, soit <aussi> par la durée. Si c'est seulement
par la nature, comme l'effet est d'une même durée que
sa cause, il semble que, puisque Dieu a été de <toute>
éternité, les créatures aussi ont été de <toute> éternité.
Si <Dieu> précède le monde par la durée, alors il doit
être affecté d'une durée antérieure à la durée du monde,
qui se positionne vis-à-vis de la durée du monde comme
l'avant vis-à-vis de l'après. Mais la durée qui connaît
l'avant et l'après <s'appelle> le temps. Donc, avant le
monde a existé le temps, et par conséquent le mouvement
et le mobile ; et ainsi, même <conclusion> que plus haut.

En outre, Augustin dit : « Je ne veux pas dire que
Dieu n'a pas été Seigneur de <toute> éternité ». Mais,
aussi longtemps qu'il a été Seigneur, il a eu une créature
qui lui était soumise. Donc, on ne peut pas dire que la
créature n'a pas existé de <toute> éternité.

En outre, Dieu a pu produire le monde avant qu'il
ne soit produit : autrement, il serait impuissant. Et il l'a
connu avant de le produire : autrement, il serait ignorant.
Et il semble qu'il l'ait voulu : autrement il serait jaloux.
Donc il semble qu'il n'ait pas commencé à produire
nouvellement les créatures.

En outre, tout ce qui est fini est communicable à
la créature. Mais l'éternité est quelque chose de fini :
autrement, rien ne pourrait exister au-delà de l'éternité.
Or l'Exode (15, 18) dit : « Le Seigneur règne dans
l'éternité et au-delà ». Donc il semble que la créature soit
capable de l'éternité ; et ainsi, il a été convenable pour la
divine bonté de produire la créature de <toute> éternité.

En outre, tout ce qui commence possède la mesure de sa durée. Mais le temps ne peut avoir une mesure de sa durée : il n'est pas mesuré par l'éternité, car sinon il existerait toujours ; ni par l'*œvum*, parce que sinon il durerait perpétuellement ; ni par le temps, car rien n'est la mesure de lui-même. Donc le temps ne commence pas d'exister, et pas non plus le mobile et le monde.

En outre, si le temps commence d'être, il commence d'être soit dans le temps, soit dans l'instant. Mais il ne commence pas d'être dans l'instant, car dans l'instant le temps n'est pas encore. Ni non plus dans le temps, car sinon rien du temps ne serait avant le terme du temps : rien d'une chose, en effet, n'est avant que la chose ne commence d'être. Donc le temps ne commence pas d'être ; et ainsi, même <conclusion> que plus haut.

En outre, Dieu fut de <toute> éternité cause des choses ; autrement il faudrait dire que d'abord il fut cause en puissance, et ensuite cause en acte ; et ainsi il y aurait avant <lui> quelque chose qui le ferait passer lui-même de la puissance à l'acte, ce qui est impossible. Mais rien n'est cause, s'il n'a un causé. Donc le monde a été créé de <toute> éternité par Dieu.

En outre, le vrai et l'étant sont convertibles. Mais beaucoup de choses sont vraies de <toute> éternité : comme <le fait> que l'homme n'est pas un âne, que le monde existera, et beaucoup de choses semblables. Donc il semble que beaucoup d'étants sont de <toute> éternité, et pas seulement Dieu.

Mais il faut dire que tous ces <étants> sont vrais de la vérité première, qui est Dieu. – Mais contre cela, autre est la vérité de cette proposition, « Le monde existera », et autre la vérité <de celle-ci>, « L'homme n'est pas un âne » : car étant posé par impossible que l'une <des

deux> soit fausse, l'autre demeure encore vraie. Or la
vérité première n'est pas autre ou autre, <c'est-à-dire
divisée en diverses vérités>. Donc <ces vérités> ne sont
pas vraies de par la vérité première.

En outre, selon le Philosophe dans les *Prédicaments*,
de ce que la chose est ou n'est pas <provient> la parole
vraie ou fausse. Si donc de multiples propositions sont
vraies de <toute> éternité, il semble que les choses
désignées par elles existent de <toute> éternité.

En outre, pour Dieu c'est une même <chose> de
dire et de faire ; d'où le psaume 148, 5 : « Il a dit, et les
<choses> ont été faites ». Mais le dire de Dieu est éternel :
autrement le Fils, qui est le Verbe du Père, ne serait pas
coéternel au Père. Donc le faire de Dieu est éternel, et
ainsi le monde a été fait de <toute> éternité.

Mais contre cela.

Il y a ce qui est dit dans les Proverbes (8, 24), de la
bouche de la Sagesse divine : « Les abîmes n'étaient pas
encore, et déjà j'avais été conçue ; les sources des eaux
n'avaient pas encore surgi, les montagnes n'avaient pas
encore été constituées avec leur masse énorme ; avant les
collines j'ai été enfantée ; alors qu'il n'avait pas encore
fait les fleuves ni les points cardinaux de la terre ». Donc
les points cardinaux de la terre, ainsi que les fleuves et la
Terre <elle-même> n'ont pas toujours été.

En outre, selon Priscien, plus les <hommes> sont
jeunes selon le temps, plus ils sont perspicaces par
l'intelligence. Mais la perspicacité n'est pas infinie. Donc
le temps depuis lequel la perspicacité a été créée n'est pas
non plus infini, ni par conséquent le monde.

En outre, Job dit (14, 9) : « La Terre est consumée peu
à peu par l'inondation ». Mais la Terre n'est pas infinie.

Si donc le temps avait été infini, <la Terre> aurait déjà été totalement consumée ; ce qui apparaît comme faux.

En outre, il apparaît clairement que Dieu est naturellement antérieur au monde, comme la cause <précède> l'effet. Mais, en Dieu, c'est une même chose que la durée et la nature. Donc Dieu est antérieur au monde par la durée, et ainsi le monde n'a pas toujours existé.

Je réponds.

Il faut dire que doit être tenu fermement que le monde n'a pas toujours été, comme l'enseigne la foi catholique. Et ceci ne peut être combattu efficacement par une démonstration physique. Pour en avoir l'évidence, il faut savoir que, comme on l'a vu dans une autre question, dans l'opération de Dieu on ne peut envisager un dû quelconque du côté de la cause matérielle, ni du côté de la puissance agente, ni du côté de la fin ultime, mais seulement du côté de la forme qui est la fin de l'opération, de laquelle est requis de façon présupposée qu'existent les éléments tels qu'ils conviennent à cette forme.

Et donc, il faut parler différemment de la production d'une créature particulière, et de la sortie de tout l'univers <des mains> de Dieu. Lorsque nous parlons de la production d'une quelconque créature singulière, on peut assigner la raison pour laquelle elle est telle, à partir d'une autre créature, ou au moins à partir de l'ordre de l'univers, auquel toute créature est ordonnée, comme la partie à la forme du tout. Mais quand nous parlons de tout l'univers qui doit être amené à l'être, nous ne pouvons au préalable trouver quelque chose de créé à partir duquel soit trouvée la raison pour laquelle <cet univers> est tel ou tel. Donc, comme on ne peut trouver de raison pour cette disposition déterminée de l'univers, ni dans la puissance divine, qui est infinie, ni dans la bonté divine, qui n'a pas besoin des choses <créées>, il faut que cette raison soit prise <exclusivement> de la simple volonté de celui qui produit. C'est comme si quelqu'un demandait pourquoi la dimension du ciel est telle et non pas plus grande : on ne pourrait donner <d'autre> raison que la volonté <même> de celui qui l'a produit.

Et à cause de cela, comme le souligne Rabbi Moyses, la sainte Écriture induit les hommes à la considération des corps célestes, par la disposition desquels est montré de façon maximale que toutes les choses sont soumises à la volonté et à la Providence du Créateur. On ne peut assigner une raison pour laquelle telle étoile est à telle distance seulement, ou pour d'autres choses du même genre qui peuvent être découvertes dans la disposition du ciel, sinon en rapport avec l'ordre de la sagesse de Dieu. C'est pourquoi il est dit en Isaïe (40, 26) : « Levez en haut vos yeux ; et voyez qui a créé <tout> cela ».

Il n'y a pas d'obstacle à dire que telle quantité découle de la nature du ciel ou des corps célestes, de même que la nature des choses permanentes est une certaine quantité déterminée. Car, comme la puissance divine n'est pas limitée à telle quantité plutôt qu'à telle autre, ainsi elle n'est pas limitée à <telle> nature à qui convient telle quantité plus qu'à <telle autre> nature à qui convient <telle> autre quantité. Et ainsi revient la même question à propos de la nature, qui a été <posée> à propos de la quantité ; quoique nous concédions que la nature du ciel n'est pas indifférente à une certaine quantité, et qu'il n'y a pas en lui de possibilité pour une autre quantité que celle-ci <qui est actuellement la sienne>.

Mais on ne peut parler ainsi du temps ou de la durée du temps. Car le temps est extrinsèque à la chose, de même que le lieu. Donc, même dans le ciel, dans lequel il n'y a pas de possibilité vis-à-vis d'une autre quantité ou vis-à-vis d'un accident qui lui adviendrait intrinsèquement, il existe cependant une telle possibilité vis-à-vis du lieu et de la position, puisque <le ciel> est mû localement; et également vis-à-vis du temps, puisqu'il y a succession dans le lieu et la position. Et donc on ne peut pas dire que ni le temps ni le lieu ne suivent sa nature, comme on l'a dit de la quantité. Ainsi il apparaît que de la simple volonté de Dieu dépend que soit affectée à l'univers une quantité déterminée de temps, comme une quantité déterminée de dimension. Donc on ne peut conclure nécessairement quelque chose concernant la durée de l'univers, en sorte que par là on puisse montrer démonstrativement que le monde a existé <depuis> toujours.

Certains, ne considérant pas la sortie de l'univers à partir de Dieu, se sont trouvés obligés d'errer à propos du début du monde. Car certains, comme les plus anciens Physiciens, omettant la cause agente et posant seulement une matière non créée, qui serait la cause de tout, se trouvèrent dans la nécessité de dire que la matière a toujours été. Mais comme rien ne se conduit lui-même du non-être à l'être, il faut qu'il y ait une autre cause qui donnerait l'être. Et <ainsi> ils ont posé :

soit que le monde a toujours été d'une façon continue, parce qu'ils ne supposaient que les <forces> naturellement agissantes qui sont déterminées à un seul <acte>, à partir de quoi il découle que toujours le même effet s'ensuit ;

soit que <le monde a toujours été>, mais avec des interruptions, comme <le pensait> Démocrite, qui posait que le monde ou plutôt les mondes avaient, de nombreuses fois, été composés et dissous de façon hasardeuse, à cause du mouvement causal des atomes.

Mais comme il semble y avoir un <réel> inconvénient à ce que les convenances et utilités qui existent dans les choses naturelles proviennent toutes du hasard, alors qu'on les y trouve toujours ou dans la plupart des cas (ce qui, toutefois, s'ensuit nécessairement si seule la matière est posée), et principalement quand on découvre des effets pour lesquels la causalité matérielle n'est pas suffisante, d'autres ont donc posé une cause agente : l'intelligence, selon Anaxagore, l'amitié et la dispute, selon Empédocle. Cependant, ceux-ci n'ont pas posé qu'il y avait de telles causes agentes pour <tout> l'univers, mais ils les ont posées à la manière des autres agents particuliers qui agissent en transformant la matière d'une chose à l'autre. C'est pourquoi il leur était nécessaire de dire que la matière est éternelle, en tant que n'ayant pas de cause de son être. <Tout en disant> que le monde a commencé : car tout effet d'une cause agissant par un mouvement suit sa cause par la durée, en ceci que l'effet n'est pas avant la fin du mouvement, avant lequel est le principe du mouvement, moment où il faut que soit l'agent, qui est le principe du mouvement.

Mais Aristote, considérant que, si l'on posait que la cause constituant le monde agit par mouvement, il s'ensuivrait qu'il faudrait remonter à l'infini, parce qu'avant chaque mouvement il y aurait un <autre> mouvement, a posé que le monde a toujours été. Il ne procède pas à partir de cette considération par laquelle on comprend que la sortie de l'univers est <réalisée> par Dieu, mais <plutôt> de cette considération par laquelle on pose un agent qui commence à opérer par un mouvement : ce qui <appartient> à une cause particulière, non à la cause universelle. Et à cause de cela, il utilise des arguments pris du mouvement et de l'immobilité du premier moteur pour démontrer l'éternité du monde. Et donc, à celui qui les considère avec diligence, ses arguments apparaissent comme ceux de quelqu'un qui dispute contre une certaine position; ainsi, au début du huitième <livre> des *Physiques*, étant posée la question de l'éternité du mouvement, il expose d'abord les opinions d'Anaxagore et d'Empédocle, contre lesquelles il entend disputer.

Mais les successeurs d'Aristote, considérant la sortie de tout l'univers comme <provenant> de Dieu par sa <propre> volonté et non par un mouvement, ont entrepris de démontrer l'éternité du monde par le fait que la volonté ne retarde pas de faire ce qu'elle entend <faire>, sinon en raison d'une certaine nouveauté ou d'un certain changement, au moins celui qu'il est nécessaire d'imaginer dans la succession du temps, lorsqu'elle veut faire ceci maintenant et pas avant.

Mais ces derniers, en réalité, sont tombés dans le même défaut que leurs prédécesseurs. Ils ont considéré le premier agent à l'imitation d'un agent <quelconque> qui exerce son action dans le temps, même s'il agit par sa volonté; mais qui, pourtant, n'est pas la cause du temps lui-même, mais qui <au contraire> présuppose le temps. Or Dieu est cause même du temps. Car le temps lui-même est contenu dans l'ensemble des choses qui sont faites par Dieu; donc, quand nous parlons de la sortie de l'être de l'univers hors de Dieu, il n'y a pas à considérer pourquoi il le fait à ce moment plutôt qu'avant. Car une telle considération présuppose le temps à la formation <de l'univers>, au lieu de le soumettre à cette formation.

Mais si nous considérons la production de l'ensemble des créatures, parmi lesquelles <on doit compter> le temps lui-même, il faut considérer pourquoi à tel temps il affecte telle mesure, non pourquoi il fait telle chose en tel temps. L'affectation de telle mesure de temps dépend de la simple volonté de Dieu, qui a voulu que le monde ne soit pas toujours, mais commence à être à un certain moment, comme il a voulu que le ciel ne soit ni plus grand, ni plus petit <qu'il n'est>.

A la première <objection>, il faut dire que le propre de la bonté <de Dieu> est de produire les choses dans l'être par la médiation de sa volonté, dont elle est l'objet. Donc il n'est pas nécessaire que les choses soient produites dans l'être depuis aussi longtemps que la bonté divine existe, mais <seulement> selon la disposition de la volonté divine.

A la deuxième <objection>, il faut dire que dans un corps céleste, puisqu'il est incorruptible, se trouve une capacité à être toujours. Cependant, aucune capacité, qu'elle soit d'être ou d'opération, ne regarde le passé, mais seulement le présent ou le futur. Rien n'a la capacité d'avoir fait quelque chose [avant d'être], parce que ce qui n'est pas <encore> fait ne peut pas avoir été fait; mais chaque <chose> a la capacité de faire telle <action> maintenant ou plus tard. Donc la capacité d'exister toujours, qui appartient au ciel, ne regarde pas le passé mais le futur.

A la troisième <objection>, il faut dire qu'on ne peut pas dire, en parlant dans l'absolu, que le ciel soit corruptible du fait qu'il tomberait dans le non-être s'il n'était pas maintenu dans l'être par Dieu. Et cependant, comme le fait que la créature soit maintenue dans l'être par Dieu dépend de l'immutabilité divine, mais non d'une nécessité de sa nature, en sorte qu'il puisse être dit que cela est nécessaire absolument, puisque ce n'est nécessaire qu'en raison de la volonté divine, qui a statué ainsi de façon immuable, on peut concéder que sous un certain rapport le ciel est corruptible, avec cette condition, « si Dieu ne le maintenait pas dans l'être ».

A la quatrième <objection>, il faut dire que tout effet possède une relation nécessaire à sa cause efficiente, qu'il s'agisse d'une cause naturelle ou d'une <cause> volontaire. Mais nous ne posons pas que Dieu est cause du monde par nécessité de nature, mais par volonté, comme il a été dit plus haut; donc il est nécessaire que l'effet divin suive, non pas aussi longtemps que la nature divine est, mais quand il est disposé à être par la volonté divine, et selon le mode même par lequel elle a voulu qu'il soit.

A la cinquième <objection>, il faut dire que <l'affirmation> « Avant le temps quelque chose est » peut être comprise de deux façons. D'une part, <comme l'affirmant> avant tout temps, et avant tout ce qui appartient au temps : et alors, le monde n'a pas été avant le temps, car l'instant au cours duquel lequel le monde a commencé, quoiqu'il ne soit pas le temps, appartient cependant au temps, non comme une part mais comme un terme. D'autre part, on peut comprendre que quelque chose est avant le temps, parce qu'il est avant l'accomplissement du temps; or celui-ci n'est complet que dans un instant qui est précédé d'un autre instant; et alors le monde est avant le temps. Il n'est pourtant pas nécessaire pour cela qu'il soit éternel; car cet instant du temps qui est ainsi avant le temps n'est pas lui-même éternel.

A la sixième <objection>, il faut dire que tout agent agissant à l'image de lui-même, il faut que l'effet suive la cause opérant efficacement de façon à présenter une certaine similitude de cette cause. De même que ce qui est de par une cause agissant naturellement présente une similitude avec celle-ci en tant qu'il possède une forme semblable à la forme de cet agent; de même, ce qui est de par un agent volontaire présente une similitude avec celui-ci en tant qu'il a une forme semblable à sa cause, dans la mesure où est produit dans l'effet ce qui est dans la disposition de la volonté, comme il apparaît pour l'objet artisanal vis-à-vis de l'artisan. Or la volonté ne détermine pas seulement la forme de l'effet, mais aussi son lieu, sa durée, et toutes ses conditions. Donc il faut que l'effet de la volonté s'ensuive au moment où la volonté en a disposé, et non pas pendant toute la durée où existe cette volonté. Ce n'est, en effet, pas selon l'être, mais selon ce que la volonté a disposé, que l'effet est rendu semblable à la volonté. Et donc, quoique la volonté soit toujours la même, il n'est toutefois pas nécessaire que l'effet découle d'elle toujours.

A la septième <objection>, il faut dire que Dieu veut de <toute> nécessité sa bonté et tout ce sans quoi sa bonté ne peut être. Mais telle n'est pas la production des créatures; donc l'argument ne vaut pas.

A la huitième <objection>, il faut dire que comme Dieu a produit les créatures pour la manifestation de lui-même, il a été plus convenable et meilleur qu'elles soient ainsi produites <dans le temps>, comme pouvant alors le manifester de façon plus convenable et plus expressive. Il est manifesté, en effet, de façon plus expressive par les créatures, si celles-ci n'ont pas toujours été : parce que, dans ce cas, il apparaît manifestement qu'elles sont amenées à l'être par un autre, et que Dieu n'a pas besoin des créatures, et que les créatures sont entièrement soumises à la volonté divine.

A la neuvième <objection>, il faut dire que Dieu a eu la volonté éternelle de faire le monde ; non cependant en sorte que le monde soit fait depuis toujours, mais pour qu'il se fasse quand il s'est fait.

A la dixième <objection>, il faut dire qu'avant que le monde soit, il était possible que le monde advienne, non toutefois par une puissance passive, mais seulement par la puissance active de l'agent. On peut dire encore que <le monde> était possible non par une puissance, mais parce que les termes n'étaient pas incompatibles entre eux, à savoir <les termes> de cette proposition : « Le monde est ». C'est ainsi qu'on dit que quelque chose est possible sans aucune puissance, comme il apparaît par le Philosophe au cinquième <livre> de la *Métaphysique*.

Et ainsi devient claire la solution à la onzième <objection>.

A la douzième <objection>, il faut dire que cet argument procède à partir d'un agent qui commence à agir par une action nouvelle : mais l'action de Dieu est éternelle, puisque c'est sa propre substance. On dit qu'il commence à agir en raison de la nouveauté de l'effet, qui s'ensuit à partir d'une action éternelle selon la disposition de la volonté, qui est comprise comme le principe de l'action dans l'ordre à <cet> effet. L'effet suit l'action selon la condition de la forme, qui est le principe de l'action ; de même que quelque chose est chauffé par la chaleur du feu, et à la manière de cette chaleur du feu.

A la treizième <objection>, il faut dire que cet argument procède à partir d'un agent qui réalise son effet dans le temps, mais sans être cependant la cause du temps ; ce qui n'a pas lieu d'être en Dieu, comme cela apparaît à partir de ce qui a <déjà> été dit.

A la quatorzième <objection>, il faut dire que si on prend « mouvement » au sens propre, <alors> la volonté divine n'est pas mue. Mais en parlant métaphoriquement, on peut dire qu'elle est mue par ce qu'elle veut ; et ainsi, seule la bonté de Dieu la meut, selon que Augustin dit que Dieu se meut lui-même sans lieu ni temps. Il ne s'ensuit pas, cependant, que, aussi longtemps que sa bonté est, il y aurait aussi production des créatures. Car les créatures ne procèdent pas de Dieu en raison d'un dû ou d'une nécessité de sa bonté, puisque la bonté divine n'a pas besoin des créatures, et que par elles <la bonté divine> ne reçoit pas d'accroissement ; mais <les créatures procèdent> de la pure volonté <de Dieu>.

A la quinzième <objection>, il faut dire que, dans la mesure où la première succession du temps serait causée par la succession du mouvement, comme il est dit au quatrième <livre> des *Physiques*, selon cela il serait vrai que tout instant est aussi bien le principe que la fin du temps. Et donc, <dans ce cas>, il faudrait reconnaître que tout moment est aussi bien le principe que la fin du mouvement. Mais si nous supposons que le mouvement n'a pas toujours été ni ne sera toujours, il ne faut plus dire que chaque instant est le principe et la fin du temps : car il va y avoir <en ce cas> un instant qui sera seulement principe, et un instant qui sera seulement fin. Il apparaît donc que cet argument est circulaire, et que pour cette raison il n'est pas démonstratif. Il est cependant efficace dans l'intention d'Aristote, qui l'introduit contre une <certaine> position, comme il a été dit dans le corps de l'article. Beaucoup d'arguments sont efficaces contre une position, à cause de ce que ses adversaires ont posé, qui <cependant> ne sont pas efficaces dans l'absolu.

A la seizième <objection>, il faut dire que l'instant est toujours considéré comme fluent, mais pas toujours comme fluent d'une chose vers l'autre, mais parfois comme fluent seulement d'une chose, comme l'ultime instant du temps; et parfois comme fluent seulement vers une chose, comme le premier instant.

A la dix-septième <objection>, il faut dire que cet argument ne prouve pas que le mouvement a toujours été, mais <seulement> que le mouvement circulaire peut être toujours. Car à partir des mathématiques on ne peut rien conclure efficacement concernant le mouvement. C'est pourquoi Aristote ne prouve pas l'éternité du mouvement à partir de sa circularité; mais ayant supposé qu'il est éternel, il montre <alors> qu'il est circulaire : car aucun autre mouvement ne pourrait être éternel.

Et ainsi devient claire la réponse à la dix-huitième <objection>.

A la dix-neuvième <objection>, il faut dire que la science de Dieu se présente, vis-à-vis des créatures, comme le connaissable se présente vis-à-vis de notre science. Car la science de Dieu est cause des créatures, de même que le connaissable est cause de notre science. Donc, de même que le connaissable peut être, même si notre science n'est pas, comme il est dit dans *Les Prédicaments*, ainsi la science de Dieu peut être, même si le connaissable n'est pas.

A la vingtième <objection>, il faut dire que Dieu précède le monde par la durée, non du temps mais de l'éternité, car l'être de Dieu n'est pas mesuré par le temps. Et avant le monde il n'a pas existé un temps réel, mais seulement <un temps> imaginaire, dans la mesure où actuellement nous pouvons imaginer que des espaces infinis de temps, l'éternité existant, ont pu se dérouler avant le commencement du temps.

A la vingt et unième <objection>, il faut dire que si la relation de seigneurie est comprise comme suivant l'action par laquelle Dieu gouverne actuellement les créatures, alors <Dieu> n'est pas Seigneur de <toute> éternité. Si <cette relation> est comprise comme suivant la capacité elle-même de gouverner, alors elle lui appartient de <toute> éternité. Mais cependant il n'est pas nécessaire de poser des créatures de <toute> éternité, sinon en puissance.

A la vingt-deuxième <objection>, il faut dire qu'Augustin utilise cette raison pour prouver la coéternité du Fils avec le Père, ainsi que son égalité ; mais cette raison n'est pas efficace pour le monde. Car comme la nature du Fils est la même que celle du Père, elle réclame la <même> éternité <que celle> du Père, et l'égalité avec lui ; et si cela lui était ôté, il y aurait jalousie. Mais la nature de la créature ne réclame pas cela ; et donc, ce n'est pas la même chose.

A la vingt-troisième <objection>, il faut dire qu'il est dit selon les Grecs : « Le Seigneur a régné pour le siècle du siècle, et au-delà ». Ce qu'expose Origène dans la *Glose* en disant que le siècle est compris comme l'espace d'une génération, dont la fin nous est connue ; par le siècle du siècle un immense espace du temps, qui possède une fin, mais ignorée de nous ; et cependant, le règne de Dieu s'étend bien au-delà d'un tel <temps>. Et donc l'éternité est utilisée <en ce cas> pour signifier un temps très long. Anselme, d'ailleurs, dans le *Proslogion*, explique que « éternel » signifie l'*ævum*, qui n'a jamais de fin ; cependant Dieu est dit exister au-delà de <l'*ævum*> à cause des choses <suivantes>. Premièrement, parce que les <êtres> æviternels peuvent être pensés comme non-existants. Deuxièmement, parce qu'ils ne seraient pas, s'ils n'étaient soutenus dans l'être par Dieu ; et donc, d'eux-mêmes ils ne sont pas. Troisièmement, parce qu'ils n'ont pas tout leur être en même temps, puisqu'il y a en eux une certaine succession de mutations.

A la vingt-quatrième <objection>, il faut dire que ce qui commence doit avoir la mesure de sa durée pour autant qu'il commence par un mouvement. Donc le temps ne commence pas par création, et l'argument ne prouve pas. Cependant, on peut dire que toute mesure dans son propre genre est mesurée par elle-même, comme la ligne par une ligne, et semblablement le temps par un temps.

A la vingt-cinquième <objection>, il faut dire que le temps ne se comporte pas comme les choses permanentes, dont la substance est toute entière simultanée. Donc il n'est pas nécessaire que tout le temps existe quand il commence d'exister. Et ainsi, rien n'empêche de dire que le temps commence d'être en un instant.

A la vingt-sixième <objection>, il faut dire que l'action de Dieu est éternelle, mais que son effet ne l'est pas, comme il a été dit plus haut. Donc, quoique Dieu n'ait pas toujours été cause, puisque <son> effet n'a pas toujours existé, il ne s'ensuit cependant pas qu'il a été une cause en puissance, car son action a toujours existé, à moins qu'on ne rapporte <plutôt> la puissance à l'effet.

A la vingt-septième <objection>, il faut dire que selon le Philosophe, le vrai est dans l'esprit et non dans les choses : c'est l'adéquation de l'intellect aux choses. Donc toutes les choses qui ont été de <toute> éternité ont été vraies de par la vérité de l'intellect divin, qui est éternelle.

A la vingt-huitième <objection>, il faut dire que toutes les choses qui sont dites être vraies de <toute> éternité, ne sont pas vraies en raison de telle ou telle vérité, mais seulement en raison de l'unique et même vérité de l'intellect divin, reliée aux diverses choses futures dans leur être propre. Et ainsi, par des relations diverses, sont posées des distinctions dans cette <unique> vérité.

A la vingt-neuvième <objection>, il faut dire que même cette assertion du Philosophe <doit> être comprise du mot existant dans notre intellect ou dans notre expression ; car la vérité de notre intellect ou de notre expression est causée par l'existence de la chose. Alors qu'au contraire, la vérité de l'intellect divin est la cause des choses.

A la trentième <objection>, il faut dire que du côté de Dieu lui-même, « faire » ne comporte rien d'autre que « dire » : car l'action de Dieu n'est pas un accident, mais sa <propre> substance. Toutefois, « faire » suppose un effet actuellement existant dans sa propre nature, qui n'est pas supposé par « dire ».

Les arguments qui objectent de façon inverse, quoiqu'ils aboutissent au vrai, ne <le font pas> de façon nécessaire, sauf le premier qui procède par autorité. L'argument de la perspicacité en fonction de l'écoulement du temps ne démontre pas que le temps a commencé un jour. Il a pu se faire que l'étude des sciences se soit interrompue plusieurs fois, et ait recommencé comme nouvellement après un long temps, ainsi que le Philosophe le dit lui-même. Si la Terre est diminuée en un endroit en raison des alluvions, cela signifie à l'inverse qu'en un autre endroit, par le transfert des éléments, elle augmente. La durée de Dieu, même si elle s'identifie à sa nature selon la chose elle-même, en diffère par la raison ; donc il n'est pas nécessaire que <Dieu> précède <le monde> par la durée, du moment qu'il le précède par la nature.

SUMMA THEOLOGIAE
I, q. 46, a. 1 et a. 2

Source : faute d'une édition critique, ce texte est traduit à partir de celui proposé par le site internet *Corpus thomisticum*.

Question 46

Du principe de la durée des choses créées

En conséquence, il faut considérer le principe de la durée des choses créées. Et à ce propos trois <points> sont à examiner. Premièrement, les créatures ont-elles toujours été ? Deuxièmement, <le fait> qu'elles aient commencé est-il un article de foi ? Troisièmement, comment Dieu est-il dit avoir créé « au commencement » le ciel et la terre ?

Article 1

L'ensemble des créatures a-t-il toujours été ?

Au premier <point>, on procède ainsi. Il semble que l'ensemble des créatures, qu'on appelle du nom de monde, n'a pas commencé, mais a été de <toute> éternité. En effet, tout ce qui commence d'être, avant que cela soit, il a été possible que cela soit, autrement il aurait été impossible que cela devînt. Si donc le monde a commencé d'être, avant qu'il ne commence <d'être>, il a été possible qu'il soit. Mais ce qui a la possibilité d'être <s'appelle> la matière, qui est en puissance à l'être, lequel <advient> par la forme, et au non-être, lequel <advient> par la privation. Si donc le monde a commencé d'être, avant le monde il y a <forcément> eu la matière. Mais la matière ne peut être sans forme, et la matière du monde avec <sa> forme, c'est <tout simplement> le monde. Donc le monde aurait été avant de commencer d'être, ce qui est impossible.

En outre, rien de ce qui a la capacité d'être toujours n'est existant à un certain moment et non-existant à un autre moment, car à quelque durée de temps que s'étende la capacité d'une chose, elle est pendant cette durée de temps. Mais tout incorruptible a la capacité d'être toujours, et non pas la capacité d'être <seulement> pendant une durée de temps déterminée. Donc aucun incorruptible n'est existant à un certain moment et non-existant à un autre moment. Or tout ce qui commence d'être existe à un certain moment et n'existe pas à un autre moment. Donc aucun incorruptible n'a commencé d'être. Mais il y a dans le monde de nombreux incorruptibles, comme les corps célestes et toutes les substances <purement> intellectuelles. Donc le monde n'a pas commencé d'être.

En outre, aucun inengendré ne commence d'être. Mais le Philosophe prouve au premier <livre> des *Physiques* que la matière est inengendrée ; et au premier <livre> *Du ciel et du monde*, que le ciel est inengendré. L'ensemble des choses n'a donc pas commencé d'être.

En outre, le vide est <le fait> qu'il n'y ait pas de corps en ce lieu, mais qu'il serait possible qu'il y en eût. Or, si le monde a commencé d'être, là où maintenant est le corps du monde, auparavant il n'y avait aucun corps, et cependant il pouvait y avoir <ce corps>, autrement il n'y serait pas maintenant. Donc avant le monde il y avait le vide, ce qui est impossible.

En outre, rien ne commence à être mû nouvellement, sinon parce que le mouvant ou le mobile se trouve être autre maintenant qu'auparavant. Mais le fait de se trouver autre maintenant qu'auparavant <s'appelle> être mû. Donc, avant tout mouvement commençant nouvellement, il y a un <autre> mouvement. Donc le mouvement a toujours été. Donc aussi le mobile, car il n'y a pas de mouvement, sinon dans un mobile.

En outre, tout mouvant, soit est naturel, soit est volontaire. Mais aucun des deux ne peut mouvoir, sinon grâce à un mouvement préexistant. La nature, en effet, opère toujours selon le même mode. Donc, si ne précède pas un quelconque changement, soit dans la nature du mouvant, soit dans le mobile, il ne commence pas à y avoir un mouvement dans le mouvant naturel, <mouvement> qui n'aurait pas existé auparavant. La volonté, certes, sans changement d'elle-même, retarde de faire ce qu'elle se propose, mais cela n'arrive pas sans qu'il y ait un changement qui est imaginé, au moins du côté du temps lui-même. Comme celui qui veut faire une maison demain et non aujourd'hui, attend quelque chose qui va arriver demain, et qui n'existe pas aujourd'hui. Au minimum, il attend que le jour présent passe et que demain arrive : ce qui ne peut se faire sans changement, puisque le temps est le nombre du mouvement. Il reste donc qu'avant tout mouvement commençant nouvellement, il y a un autre mouvement. Et ainsi, même <conclusion> que plus haut.

En outre, ce qui est toujours dans le principe et toujours à la fin, ne peut ni commencer ni finir. Car ce qui commence ne se trouve pas à sa fin; et ce qui finit ne se trouve pas à son principe. Mais le temps est toujours à son principe et à sa fin, car le temps n'est rien d'autre que l'instant, qui est fin du passé et principe du futur. Donc le temps ne peut ni commencer ni finir. Et par conséquent pas non plus le mouvement, dont le temps est le nombre.

En outre, Dieu est antérieur au monde, soit seulement par la nature, soit <de plus> par la durée. Si c'est seulement par la nature, alors, puisque Dieu est de <toute> éternité, le monde aussi est de <toute> éternité. S'il est antérieur par la durée : l'antérieur et le postérieur dans la durée constituent le temps, donc le temps a été avant le monde; ce qui est impossible.

En outre, étant posée la cause suffisante, l'effet est <aussi> posé : <car> la cause que ne suit pas l'effet est une cause imparfaite, ayant besoin d'autre chose pour que l'effet s'ensuive. Mais Dieu est la cause suffisante du monde; <cause> finale, en raison de sa bonté; exemplaire, en raison de sa sagesse; efficiente, en raison de sa <toute> puissance, comme cela apparaît par ce qui a été dit plus haut. Et comme Dieu est de <toute> éternité, le monde aussi est de <toute> éternité.

En outre, celui dont l'action est éternelle <possède> un effet éternel. Or l'action de Dieu est sa <propre> substance, qui est éternelle. Donc le monde est éternel.

Mais contre cela, il y a ce qui est dit dans saint Jean (17) : « Glorifiez-moi, Père, de la gloire que j'avais auprès de vous avant que le monde fût »; et dans les Proverbes (8) : « Le Seigneur m'a possédée au commencement de ses voies, avant que quoi que ce soit ne soit fait, au principe ».

Je réponds en disant que rien en dehors de Dieu n'a
été de <toute> éternité. Et qu'il n'est pas impossible
de poser cette <affirmation>. Il a été montré plus haut
que la volonté de Dieu est cause des choses. Ainsi, il est
nécessaire que certaines <choses> soient, pour autant
qu'il est nécessaire que Dieu les veuille, car la nécessité
de l'effet dépend de la nécessité de la cause, comme il
est dit au cinquième <livre> de la *Métaphysique*. Il a
été montré plus haut que, à parler absolument, il n'est
pas nécessaire que Dieu veuille quelque chose, sinon
lui-même. Donc il n'est pas nécessaire que Dieu veuille
que le monde soit <depuis> toujours. Mais le monde est
dans la mesure où Dieu veut qu'il soit, puisque l'être du
monde dépend de la volonté de Dieu comme de sa cause
<propre>. Il n'est donc pas nécessaire que le monde soit
<depuis> toujours. Et donc on ne peut pas non plus le
prouver démonstrativement.

Et les arguments qu'apporte Aristote ne sont pas
purement et simplement démonstratifs, mais <seulement>
sous un certain rapport, dans le sens où ils contredisent
les arguments des Anciens, qui posaient que le monde a
commencé selon des modes impossibles, à la vérité. Et cela
apparaît de trois <façons>. Premièrement, parce que tant
au huitième <livre> des *Physiques* qu'au premier <livre>
Du ciel et du monde, il commence par citer les opinions
d'Anaxagore, Empédocle et Platon, contre lesquelles il
apporte des raisons contraires. Deuxièmement, parce
que, partout où il parle de cette matière, il apporte les
témoignages des Anciens, ce qui n'est pas le fait de
celui qui démontre, mais <plutôt> de celui qui s'efforce
de persuader de façon probable. Troisièmement, parce
qu'il dit expressément au premier livre des *Topiques*
qu'il y a certains problèmes dialectiques pour lesquels

nous n'avons pas d'arguments <probants>, comme <la question> « Est-ce que le monde est éternel ? ».

A la première <objection>, il faut dire qu'avant que le monde soit, il était possible que ce monde fût, non selon une puissance passive, qui est la matière, mais selon la puissance active de Dieu. Et également selon que l'on dit que quelque chose est possible absolument, non selon une puissance quelconque, mais par la seule relation entre les termes, qui ne répugnent pas entre eux ; selon, <donc>, que le possible est opposé à l'impossible, comme cela apparaît par le Philosophe, au cinquième <livre> de la *Métaphysique*.

A la deuxième <objection>, il faut dire que ce qui a la capacité d'être toujours, à partir du moment où il a cette capacité, <ne se présente pas comme> étant à un moment et n'étant pas à un autre moment ; mais avant qu'il n'ait cette capacité, il n'était pas. Donc cet argument, qui est proposé par Aristote au premier <livre> *Du ciel et du monde*, ne conclut pas purement et simplement que les incorruptibles n'ont pas commencé d'être, mais qu'ils n'ont pas commencé d'être selon un mode naturel, celui par lequel commencent d'être les générables et les corruptibles.

A la troisième <objection>, il faut dire qu'Aristote, au premier <livre> des *Physiques*, prouve que la matière <première> est inengendrée, par cela qu'elle n'a pas de sujet à partir duquel elle serait. Au premier <livre> *Du ciel et du monde*, il prouve que le ciel est inengendré, parce qu'il n'a pas de contraire à partir duquel il serait engendré. D'où il apparaît que par ces deux <voies> on ne conclut rien d'autre que le fait que la matière et le ciel n'ont pas commencé <d'être> par génération, comme certains le proposaient, principalement à propos du ciel. Mais nous, nous disons que la matière et le ciel sont produits dans l'être par la création, ce qui apparaît par ce qui a <déjà> été dit.

A la quatrième <objection>, il faut dire qu'à la définition du vide ne suffit pas <la description> « dans quoi il n'y a rien », mais il est requis qu'il s'agisse d'un espace capable <de recevoir> un corps, et dans lequel il n'y ait pas de corps, comme cela apparaît par Aristote, au quatrième <livre> des *Physiques*. Mais nous, nous disons qu'il n'a pas existé de lieu ou d'espace avant le monde.

A la cinquième <objection>, il faut dire que le premier moteur se tient dans l'être toujours de la même façon ; mais le premier mobile ne se tient pas toujours dans l'être de la même façon, car il commence d'être, alors qu'auparavant il n'était pas. Cela se fait, non par mutation, mais par création, qui n'est pas une mutation, comme il a été dit plus haut. Donc il apparaît que cet argument, que propose Aristote au huitième <livre> des *Physiques*, procède contre ceux qui posent des mobiles éternels mais non un mouvement éternel : comme cela apparaît à partir des opinions d'Anaxagore et d'Empédocle. Mais nous, nous posons qu'à partir du moment où les mobiles ont commencé <à être>, toujours le mouvement a été <également>.

A la sixième <objection>, il faut dire que le premier agent est un agent volontaire. Et quoiqu'il ait eu la volonté éternelle de produire un effet, il n'a pas cependant produit un effet éternel. Et il n'est pas nécessaire de présupposer une mutation, même pas en fonction d'une vue imaginaire du temps. Il faut penser autrement d'un agent particulier, qui présuppose une chose et en cause

une autre, et autrement de l'agent universel, qui produit
le tout. Comme l'agent particulier produit la forme et
présuppose la matière, il faut qu'il introduise la forme
selon une proportion conforme à cette matière. Donc,
en ce qui le concerne, on considère par la raison qu'il
introduit la forme dans telle matière plutôt que dans telle
autre, en raison de la différence entre cette matière et
cette autre. Mais on ne considère pas cela par la raison
en Dieu, lequel produit simultanément la forme et la
matière, mais on considère en lui par la raison qu'il
produit la matière adaptée à la forme et à la fin. Car l'agent
particulier présuppose le temps, de même que la matière.
Donc, on considère en lui, par la raison, qu'il agit dans
le temps postérieur et non dans le temps antérieur, selon
l'imagination de la succession d'un temps après l'autre.
Mais pour l'agent universel, qui produit la chose et le
temps, il n'y a pas à considérer qu'il agit maintenant et
non auparavant, selon l'imagination de la succession d'un
temps après l'autre, comme si le temps était présupposé
à son action. Mais il faut considérer en lui qu'il donne
à son effet un certain temps selon qu'il le veut, et selon
qu'il est convenable pour démontrer sa puissance. Le
monde conduit plus manifestement à la connaissance
de la puissance divine créatrice, si le monde n'a pas été
<depuis> toujours que s'il était <depuis> toujours. Car
tout ce qui n'est pas <depuis> toujours, il est manifeste
que cela a une cause ; mais ce n'est pas aussi manifeste
dans le cas de ce qui est <depuis> toujours.

    A la septième <objection>, il faut dire que, comme il
est dit au quatrième <livre> des *Physiques*, l'antérieur et
le postérieur sont dans le temps, selon que l'antérieur et
le postérieur sont dans le mouvement. Donc le principe
et la fin doivent être pris dans le temps comme <ils sont

pris> dans le mouvement. Étant supposé l'éternité du mouvement, il est nécessaire que chaque moment du mouvement soit principe et fin du mouvement : ce qui n'est pas nécessaire si le mouvement a un commencement. Et le même argument vaut pour l'instant du temps. Il apparaît ainsi que cet argument de l'instant présent, qui serait toujours le principe et la fin du temps, présuppose l'éternité du temps et du mouvement. C'est pourquoi Aristote apporte cet argument, au huitième <livre> des *Physiques*, contre ceux qui posent l'éternité du temps, mais nient l'éternité du mouvement.

A la huitième <objection>, il faut dire que Dieu est antérieur au monde par la durée. Mais le mot « antérieur » désigne, non pas la priorité du temps, mais celle de l'éternité. Ou alors il faut dire qu'il désigne l'éternité d'un temps imaginaire, mais n'existant pas réellement. De même, quand on dit qu'au-delà du ciel il n'y a rien, le mot « au-delà » désigne un lieu seulement imaginaire, selon qu'il est possible d'imaginer qu'à la grandeur réelle des corps célestes on ajoute une nouvelle grandeur.

A la neuvième <objection>, il faut dire que, de même que l'effet suit sa cause agente naturelle selon le mode de la forme de celle-ci, de même <l'effet> suit sa <cause> agente volontaire selon la forme que celle-ci a préconçue et définie, comme il apparaît à partir de <ce qui a été dit> plus haut. Quoique Dieu ait été de <toute> éternité la cause suffisante du monde, il n'est pas nécessaire de poser que le monde a été produit par lui autrement que selon la prédéfinition de sa volonté ; en sorte qu'il ait l'être après le non-être, afin de déclarer plus manifestement son auteur.

A la dixième <objection>, il faut dire que, l'action étant posée, l'effet suit selon l'exigence de la forme qui est le principe de l'action. Dans les agents par volonté, ce qui est conçu et prédéfini est pris comme forme et principe d'action. Donc, de l'action éternelle de Dieu ne s'ensuit pas un effet éternel, mais <un effet> tel que Dieu l'a voulu, en sorte qu'il ait l'être après le non-être.

Article 2

Que le monde ait commencé, est-ce un article de foi?

Au deuxième <point> on procède ainsi. Il semble que le fait que le monde a commencé ne soit pas un article de foi, mais une conclusion démontrable. Tout ce qui a été fait possède un principe de sa durée. Mais on peut prouver démonstrativement que Dieu est la cause efficiente du monde, et d'ailleurs les philosophes les plus qualifiés l'ont exposé. Donc on peut prouver démonstrativement que le monde a commencé.

En outre, s'il est nécessaire de dire que le monde a été fait par Dieu, <il l'a fait> soit à partir de rien, soit à partir de quelque chose. Mais ce n'est pas à partir de quelque chose, puisque dans ce cas la matière du monde aurait précédé le monde : ce contre quoi procèdent les arguments d'Aristote démontrant que le ciel est inengendré. Donc il faut dire que le monde a été fait à partir de rien. Et alors, il a eu l'être après le non-être. Donc il faut qu'il ait commencé d'être.

En outre, tout <être> qui opère par l'intelligence, opère à partir d'un certain principe, comme cela apparaît dans toutes les œuvres artisanales. Mais Dieu est un agent par l'intelligence. Donc il opère à partir d'un principe quelconque. Et ainsi le monde, qui est son effet, n'est pas <depuis> toujours.

En outre, il apparaît manifestement que certains arts, de même que les habitations des <diverses> régions, ont commencé <à exister> à des époques déterminées. Mais cela ne serait pas si le monde était <depuis> toujours. Il est donc manifeste que le monde n'a pas toujours été.

En outre, il est certain que rien ne peut être égalé à Dieu. Or, si le monde était <depuis> toujours, il serait égalé à Dieu en durée. Donc il est certain que le monde n'a pas toujours été.

En outre, si le monde a toujours été, une infinité de jours a précédé le jour <actuel>. Mais on ne peut traverser l'infini. Donc on ne serait jamais parvenu au jour <actuel>, ce qui est manifestement faux.

En outre, si le monde était éternel, la génération aussi serait de <toute> éternité. Donc un homme aurait été engendré par un autre <homme et ainsi> à l'infini. Mais le père est la cause efficiente du fils, comme il est dit au deuxième <livre> des *Physiques*. Donc, ce serait procéder à l'infini dans les causes efficientes, ce qui est démontré faux au deuxième <livre> de la *Métaphysique*.

En outre, si le monde et la génération avaient toujours été, des hommes en nombre infini <nous> auraient précédés. Mais l'âme de l'homme est immortelle. Donc des âmes humaines en nombre infini existeraient en acte, ce qui est impossible. Donc on peut savoir de façon nécessaire que le monde a commencé ; et ce <point> n'est pas tenu par la seule foi.

Mais contre cela, <il y a que> les articles de foi ne peuvent être prouvés démonstrativement, parce que la foi porte sur ce qui n'est pas apparent, comme il est dit <dans l'épître> aux Hébreux 11. Mais que Dieu soit le créateur du monde, en ce sens que le monde ait commencé d'être, c'est un article de foi : nous disons, en effet, « Je crois en un seul Dieu, etc. ». Et de plus, Grégoire dit, dans sa première homélie sur Ezéchiel, que Moïse a prophétisé à propos du passé, en disant « Au commencement, Dieu créa le ciel et la terre » ; <phrase> qui traduit la nouveauté du monde. Donc la nouveauté du monde est connue seulement par la Révélation. Et ainsi elle ne peut être prouvée démonstrativement.

Je réponds en disant que <le fait que> le monde n'a pas toujours été est tenu seulement par la foi, et ne peut être prouvé démonstrativement, comme il a été dit plus haut concernant le mystère de la sainte Trinité. La raison en est que la nouveauté du monde ne peut recevoir de démonstration du côté du monde lui-même. Le principe de la démonstration est ce qu'est <la chose>. Chaque chose, selon la raison <même> de son espèce, est abstraite du « ici et maintenant » : c'est pourquoi on dit que les universels sont partout et toujours. Donc on ne peut démontrer que l'homme <en général>, ou le ciel, ou la pierre, n'est pas <depuis> toujours. On ne le peut pas non plus du côté de la cause agente, qui agit par la volonté. La volonté de Dieu ne peut être scrutée par la raison, sinon en ce qui concerne ce que Dieu veut absolument et nécessairement : mais tel n'est pas le cas de ce qu'il veut concernant les créatures, comme il a été dit. La volonté divine peut cependant être manifestée aux hommes par une révélation, sur laquelle s'appuie la foi. Donc <le fait> que le monde ait commencé est <de l'ordre> du crédible, pas du démontrable ou du scientifique. Et ce <point> est utile à considérer, pour éviter que quelqu'un, dans la présomption de démontrer ce qui appartient à la foi, n'apporte des arguments non nécessaires qui donnent matière à rire aux infidèles, qui estimeraient que nous croyons ce qui est de foi à cause de tels arguments.

A la première <objection>, il faut dire, comme le dit Augustin au onzième <livre> de *La Cité de Dieu*, que l'opinion des philosophes qui ont posé l'éternité du monde se partage en deux. Certains ont posé que la substance du monde ne provient pas de Dieu. Leur erreur est intolérable, et on peut la réfuter de façon nécessaire. D'autres ont posé que le monde est éternel, mais que ce monde, pourtant, a été fait par Dieu. Ils veulent que le monde ait eu, non pas un commencement dans le temps, mais un commencement de sa création, en sorte qu'il soit fait <depuis> toujours, d'une manière à peine intelligible. Comment ils comprennent cela, ils ont trouvé <le moyen de l'expliquer>, comme <Augustin> lui-même le dit au dixième <livre> de *La Cité de Dieu*. Comme si, affirment-ils, un pied avait été depuis l'éternité toujours dans la poussière : il subsisterait toujours une empreinte, dont personne ne douterait que le marcheur ne l'ait faite. Ainsi le monde a toujours été, celui qui le fait existant lui-même toujours. Pour comprendre cela, il faut considérer que la cause efficiente qui agit par un mouvement précède nécessairement dans le temps son effet, car l'effet n'existe qu'au terme de l'action, or il faut que tout agent soit au principe <de l'action>. En revanche, si l'action est instantanée et non successive, il n'est pas nécessaire que ce qui produit soit antérieur par la durée à ce qui est produit : comme cela apparaît dans l'illumination. Donc ils disent qu'il ne s'ensuit pas nécessairement, si Dieu est la cause active du monde, qu'il soit antérieur au monde par la durée, puisque la création, par laquelle <Dieu> produit le monde, n'est pas une mutation successive, comme il a été dit plus haut.

A la deuxième <objection>, il faut dire que ceux qui posent un monde éternel disent que le monde a été fait par Dieu « à partir de rien » : non pas qu'il ait été fait « après le rien », selon ce que nous comprenons par le nom de création, mais parce qu'il n'a pas été fait à partir d'autre chose. Et ainsi, certains d'entre eux ne rejettent pas le nom de création, comme cela apparaît à partir d'Avicenne dans sa *Métaphysique*.

A la troisième <objection>, il faut dire que c'est là l'argument d'Anaxagore, qui est proposé au troisième <livre> des *Physiques*. Mais il ne conclut pas avec nécessité, sinon à propos de l'intellect qui délibère lorsqu'il examine quoi faire, ce qui est semblable à un mouvement. L'intellect humain est de ce genre, mais non pas <l'intellect> divin, comme cela apparaît <par ce qui a été dit> plus haut.

A la quatrième <objection>, il faut dire que ceux qui posent l'éternité du monde supposent qu'indéfiniment une région habitée s'est transformée en une région inhabitée, et inversement. De même, ils supposent que les arts, à cause de diverses corruptions et d'accidents, ont été indéfiniment inventés puis oubliés. C'est pourquoi Aristote dit, au livre des *Météorologiques*, qu'il est ridicule d'avancer une opinion à propos de la nouveauté du monde à partir de tels changements particuliers.

A la cinquième <objection>, il faut dire que même si le monde était <depuis> toujours, il n'en deviendrait pas l'égal de Dieu en éternité, comme le dit Boèce à la fin de *La Consolation*, car l'être divin est un être tout entier en même temps, sans succession ; or il n'en est pas de même pour le monde.

A la sixième <objection>, il faut dire que le passage se comprend toujours d'un terme vers un autre terme.

Quel que soit le jour passé que l'on désigne, il existe toujours un nombre fini de jours de ce <jour> jusqu'à l'actuel, qui <donc> peuvent être traversés. L'objection procède comme si, les extrémités étant posées, il y avait un nombre infini d'intermédiaires.

A la septième <objection>, il faut dire que, dans les causes efficientes, il est impossible de procéder à l'infini en soi; par exemple, de multiplier à l'infini les causes qui, en soi, sont requises pour <obtenir> tel effet : comme si la pierre était mue par le bâton, le bâton par la main, et ainsi à l'infini. En revanche, procéder à l'infini par accident dans les causes agentes n'est pas considéré comme impossible; par exemple si toutes les causes qui se multiplient à l'infini ne tiennent la place que d'une seule cause, tandis que leur multiplication est accidentelle; ainsi l'artisan utilise par accident de multiples marteaux, dans la mesure où ils cassent les uns après les autres. Il arrive donc accidentellement à tel marteau d'agir après l'action d'un autre marteau. Et semblablement, il arrive accidentellement que tel être humain, en tant qu'il engendre, a été lui-même engendré par un autre. Car il engendre en tant qu'être humain, non en tant que fils d'un autre être humain. Tous les êtres humains qui engendrent représentent un échelon dans <l'ordre> des causes efficientes, à savoir l'échelon de l'engendreur particulier. Donc il n'est pas impossible qu'un être humain soit engendré par un être humain à l'infini. Ce serait impossible si la génération de cet être humain dépendait de cet <autre> être humain, et des corps élémentaires, et du soleil, et ainsi à l'infini.

A la huitième <objection>, il faut dire que ceux qui posent l'éternité du monde échappent à cet argument de multiples façons. Certains estiment qu'il n'est pas impossible qu'il y ait une infinité d'âmes en acte, comme cela apparaît dans la *Métaphysique* d'Algazel, qui affirme que ce serait un infini par accident. Mais cela a été démontré faux plus haut. Certains disent que les âmes se corrompent avec les corps. Certains, que de toutes les âmes il n'en reste <finalement> qu'une seule. D'autres encore, comme Augustin le dit, ont posé à cause de cela la circulation des âmes : en sorte que les âmes séparées de <leur> corps, après un laps de temps déterminé, reviennent de nouveau dans des corps. Nous traiterons de tout cela dans les <questions> qui suivent. Mais il faut admettre que cet argument est particulier. Donc quelqu'un pourrait dire que le monde est éternel, ou du moins une créature, comme l'ange, même si ce n'est pas l'homme. Mais nous, nous nous intéressons universellement <à la question de savoir> si une créature quelconque a existé de <toute> éternité.

SUMMA THEOLOGIAE
I, q. 61, a. 2

Source : faute d'une édition critique, ce texte est traduit à partir de celui proposé par le site internet *Corpus thomisticum*.

L'ange est-il produit par Dieu de <toute> éternité ?

Au deuxième <point>, on procède ainsi. Il semble que l'ange soit produit par Dieu de <toute> éternité. Dieu, en effet, est cause de l'ange par son être, car il n'agit pas par <le biais de> quelque chose ajouté à son essence. Mais son être est éternel. Donc il produit les anges de <toute> éternité.

En outre, tout ce qui est à un moment et n'est pas à un autre moment est soumis au temps. Mais l'ange est au-dessus du temps, comme il est dit dans le *Livre des Causes*. Donc l'ange n'est pas tel qu'il soit à un moment et ne soit pas à un autre, mais il est toujours.

En outre, Augustin prouve l'incorruptibilité de l'âme par le fait que, par l'intellect, elle est capable de vérité. Mais de même que la vérité est incorruptible, elle est aussi éternelle. Donc, la nature intellectuelle de l'âme comme de l'ange, non seulement est incorruptible, mais encore elle est éternelle.

Mais contre cela, il y a ce qui est dit dans les Proverbes (8), en la personne de la Sagesse engendrée : « Le Seigneur m'a possédée au commencement de ses voies, avant de faire quoi que ce soit, dès le principe ». Mais les anges sont faits par Dieu, comme il a <déjà> été montré. Donc les anges, à un moment, n'ont pas été.

Je réponds en disant que seul Dieu, Père, Fils et Saint-Esprit, est de <toute> éternité. Cela, la foi catholique le tient indubitablement ; et tout ce qui en est contraire doit être réfuté comme hérétique. Ainsi, Dieu a produit les créatures <en ce sens> qu'il les a faites du néant, c'est-à-dire après qu'il y ait eu le néant.

A la première <objection>, il faut dire que l'être de Dieu est son vouloir même. Le fait que Dieu produise les anges et les autres créatures par son être n'exclut nullement qu'il les produise par sa volonté. Et la volonté de Dieu n'est pas nécessitée à produire les créatures, comme il a été dit plus haut. Donc il a produit et ce qu'il a voulu, et quand il l'a voulu.

A la deuxième <objection>, il faut dire que l'ange est au-dessus du temps qui est le nombre du mouvement du ciel, car il est au-dessus de tout mouvement de la nature corporelle. En revanche, il n'est pas au-dessus du temps qui est le nombre de la succession de son être après le non-être, ni non plus de celui qui est le nombre de la succession de ses opérations. C'est pourquoi Augustin dit, au <livre> VIII de *La Genèse à la lettre*, que Dieu meut la créature spirituelle dans le temps.

A la troisième <objection>, il faut dire que les anges et les âmes intellectuelles, du fait qu'ils ont une nature grâce à laquelle ils sont capables de vérité, sont incorruptibles.

Mais cette nature, ils ne la possèdent pas de <toute> éternité : elle leur a été donnée par Dieu quand lui-même l'a voulu. Il ne s'ensuit donc pas que les anges soient de <toute> éternité.

SENTENTIA SUPER PHYSICAM
VIII, lectio 2

Source : faute d'une édition critique, ce texte est traduit à partir de celui proposé par le site internet *Corpus thomisticum*.

Leçon 2

Après qu'il a soulevé le doute à propos de la sempiternité du mouvement, ici il entend montrer que le mouvement est <bien> sempiternel. Et il divise en deux parties : dans la première il explique son propos ; dans la seconde il résout les objections qui peuvent lui être opposées contradictoirement, à cet endroit : « *contraria autem his*, etc. ». Concernant la première <partie>, il fait deux choses : premièrement, il expose les arguments pour montrer la sempiternité du mouvement ; secondement, il expose les arguments contre les opinions des philosophes qui ont une opinion contraire, à cet endroit : « *sed non aliquando*, etc. ». Concernant le premier <point>, il fait deux choses : premièrement, il montre que le mouvement a toujours été ; secondement, qu'il sera toujours, à cet endroit : « *eadem autem ratio est*, etc. ». Concernant le premier <point>, il fait deux choses : premièrement, il explique son propos par un argument pris du côté du mouvement; secondement, <il l'explique> par un argument pris du côté du temps, à cet endroit : « *adhuc autem prius et posterius*, etc. ». Concernant le premier point, il fait trois choses : premièrement, il commence par poser quelque chose qui est nécessaire à sa preuve subséquente; deuxièmement, il apporte cette preuve pour démontrer son propos, à cet endroit : « *ergo et hoc necessarium est*, etc. »; troisièmement il montre la nécessité de l'argument apporté, à cet endroit : « *alia quidem moverunt singulariter*, etc. ».

Il dit premièrement que pour manifester son propos, nous devons commencer par les choses qui ont déjà été déterminées dans <les livres précédents> des *Physiques*, pour les utiliser comme des principes. Par quoi il donne à comprendre que les livres précédents, dans lesquels il éclaircissait la question du mouvement en général, et qui ont pour cette raison reçu le titre universel « Des choses naturelles », se distinguent en partie de ce huitième livre, dans lequel il commence déjà à appliquer le mouvement aux choses. Il reprend donc ce qu'il a dit au troisième <livre> des *Physiques*, c'est-à-dire que le mouvement est l'action du mobile en tant que tel. En quoi il apparaît que, pour qu'il y ait mouvement, il est nécessaire qu'existent des choses qui puissent être mues par un mouvement quelconque : car il ne peut y avoir d'acte sans ce dont c'est l'acte. Ainsi, à partir de la définition du mouvement, il apparaît nécessaire qu'il y ait un sujet mobile, pour qu'il y ait un mouvement. Mais, même sans la définition du mouvement, cela est manifeste en soi, comme cela apparaît à partir de la sentence commune de tous : chacun confesse que cela est nécessaire, et que n'est mû que ce qui peut être mû. Et cela, selon n'importe quel mouvement : ainsi, ne peut être altéré que ce qui est altérable, ni non plus changé selon le lieu que ce qui est changeable selon le lieu. Et parce que le sujet, naturellement, est antérieur à ce qui est dans le sujet, nous pouvons conclure, à propos de chaque mutation, tant du côté du mobile que du mouvant, que le sujet combustible est antérieur au fait de subir une combustion ; et le "combustif", c'est-à-dire le sujet pouvant provoquer une combustion, est <antérieur> au fait de la provoquer. Antérieur, dirais-je, non selon le temps, mais selon la nature.

A partir de cette preuve d'Aristote, Averroès prend occasion de parler contre ce que nous soutenons, selon la foi, à propos de la création.

En effet, si n'importe quel devenir est une mutation, et que toute mutation requiert un sujet, comme Aristote le prouve ici, il est <alors> nécessaire que tout ce qui devient, devienne à partir d'un sujet ; et donc il n'est pas possible que quelque chose advienne à partir de rien.

Il apporte encore un deuxième argument. En effet, quand on dit que le noir advient à partir du blanc, cela n'est pas dit en soi, comme si le blanc lui-même était converti en noir. Mais c'est dit par accident, dans le sens où, le blanc disparaissant, le noir lui succède. Or tout ce qui est par accident doit être ramené à ce qui est par soi. Ce à partir de quoi quelque chose devient par soi, c'est le sujet, qui participe à la substance de la chose qui devient. Donc, tout ce qui est dit devenir à partir d'un opposé, devient seulement par accident à partir de cet opposé, mais <devient> par soi à partir du sujet. Et ainsi, il n'est pas possible que l'étant advienne purement et simplement à partir du non-étant.

Il apporte en troisième <lieu> l'opinion commune de tous les anciens Physiciens, qui posaient que rien ne devient à partir du rien. Et il assigne deux causes qu'il estime avoir été l'origine de cette position que quelque chose adviendrait du rien. Dont la première est que le vulgaire n'estime existantes que les choses qu'il peut apercevoir par la vue : quand il voit quelque chose de visible qui est fait, et qui auparavant n'était pas visible, il estime possible que quelque chose soit fait à partir de rien. La deuxième cause, c'est que ce <même> vulgaire estime que c'est en raison de la faiblesse de sa capacité que l'agent a besoin de la matière pour agir : alors que cela ne provient pas de l'impuissance de l'agent, mais de la raison même de mouvement. Parce que l'agent premier n'a pas une puissance défectueuse en quoi que ce soit, il s'ensuivrait qu'il agirait sans sujet <préexistant>.

Mais si quelqu'un considère <la chose> de façon droite, <il constatera> qu'<Averroès> a été lui-même trompé, à partir de la cause même dont il estime qu'elle nous a trompés, c'est-à-dire la considération des étants particuliers. Il est manifeste, en effet, que la puissance active particulière présuppose la matière, qu'un agent plus universel opère : ainsi, l'artisan use d'une matière que la nature a faite. A partir du fait que tout agent particulier présuppose une matière qu'il n'a pas faite, il ne convient pas de croire que le premier agent universel, qui est principe actif de tout l'étant, présuppose quelque chose qui ne serait pas causé par lui-même. Et cela ne correspond même pas à l'intention d'Aristote. Il prouve, en effet, au deuxième <livre> de la *Métaphysique*, que ce qui est au plus haut point vrai et au plus haut point étant, est la cause d'être pour tous les existants ; et donc il s'ensuit que l'être en puissance lui-même, celui de la matière première, dérive du premier principe d'être, qui est au plus haut point étant. Il n'est ainsi pas nécessaire de présupposer quelque chose à son action, qui ne soit pas produit par lui. Et parce que tout mouvement a besoin d'un sujet, comme Aristote le prouve ici et comme c'est réellement la vérité, il s'ensuit que la production universelle de l'étant par Dieu n'est ni un mouvement, ni une mutation, mais une simple émanation. Ainsi, le devenir et le faire sont dits équivoquement pour cette production universelle des choses et pour les autres productions. Et même si nous envisagions que la production des choses aurait été réalisée par Dieu de <toute> éternité, comme le pose Aristote, de même que la plupart des Platoniciens, il n'est pas nécessaire, il est même impossible que soit présupposé par l'intelligence à cette production universelle un sujet non produit. A plus forte raison, si nous posons, selon l'affirmation de notre foi, que <Dieu> n'a pas produit les choses de <toute> éternité, mais qu'il les a produites après qu'elles n'aient pas été, il n'est pas nécessaire que soit posé un sujet pour cette production universelle. Il apparaît donc que ce qu'Aristote prouve ici, à savoir que tout mouvement a besoin d'un sujet mobile, n'est pas contre l'affirmation de notre foi. Car il a déjà été dit que la production universelle des choses, qu'elle soit posée comme de <toute> éternité ou comme non éternelle, n'est ni un mouvement ni une mutation. Pour que ce soit un mouvement ou une mutation, il serait requis que <la chose produite> se trouve autrement maintenant qu'auparavant ; et donc il faudrait qu'il y ait auparavant quelque chose d'existant ; par conséquent, ce ne serait pas la production universelle des choses, qui est ce dont nous parlons actuellement.

Semblablement, ce qu'il dit, que quelque chose est dit devenir par accident d'un opposé, et par soi d'un

sujet, est vrai pour les choses particulières qui sont faites,
quand tel ou tel étant advient, un homme ou un chien,
<par exemple> ; mais ce n'est pas vrai dans le cas de
la production universelle de l'étant. Ce qui apparaît à
partir de ce que dit le Philosophe au premier <livre> des
Physiques. Là, il dit en effet que si tel animal advient,
en tant que « tel animal », il n'est pas nécessaire qu'il
advienne d'un non-animal, mais <simplement> du « non-
tel animal », comme si l'homme advenait du non-homme
ou le cheval du non-cheval. Au contraire, si advient un
animal en tant qu'il est animal, il faut qu'il advienne
d'un non-animal. Donc, si advient un étant particulier,
il n'advient pas du non-étant absolu. Mais si advient la
totalité de l'étant, qui advient en tant même qu'étant,
alors il faut qu'il advienne du tout à fait non-étant : si
toutefois on peut parler en cas d'advenir (ce qui se dit
de façon équivoque, comme déjà signalé). Et quand il
introduit les opinions anciennes des philosophes, cela n'a
pas d'efficacité. Car les anciens philosophes naturels ne
purent parvenir à la cause première de tout l'être, mais ils
n'ont considéré que les causes des mutations particulières.
Les premiers d'entre eux ont considéré les causes des
seules mutations accidentelles, posant que tout devenir
est une altération. Leurs successeurs sont parvenus à la
compréhension des mutations substantielles. Mais les
<philosophes> suivants, comme Platon et Aristote, sont
parvenus à la connaissance du principe de tout l'être. Il
apparaît ainsi que nous ne sommes pas amenés à poser
que quelque chose est fait à partir du rien, parce que nous
penserions qu'existent seulement les étants visibles ;
mais, bien au contraire, parce que nous ne considérons
pas seulement les productions particulières par des
causes particulières, mais <véritablement> la production

universelle de tout l'être par le premier principe d'être. Et nous ne posons pas non plus qu'avoir besoin d'une matière pour agir soit <le signe> d'une puissance diminuée, comme déficiente de sa capacité naturelle. Mais nous disons que c'est <le propre> d'une puissance particulière, qui n'a pas pouvoir sur tout l'étant, mais qui fait un étant <particulier>. <Même si> on pourrait dire que c'est <le signe> d'une puissance diminuée que de faire quelque chose à partir d'autre chose, au même titre que nous disons que la puissance particulière est moindre que la puissance universelle.

Ensuite, quand il dit : « *ergo et haec necessarium est,* etc. », étant supposé que pour qu'il y ait mouvement il est requis qu'il y ait un mobile et un moteur, il argumente ainsi. Si le mouvement n'est pas toujours, il est nécessaire de dire, soit que les mouvants et les mûs ont été faits à un moment, puisqu'ils n'étaient pas auparavant ; soit qu'ils sont perpétuels. Si on dit que chaque mobile est fait, il est nécessaire de dire qu'avant la mutation qui est prise comme première, il y a une autre mutation et un autre mouvement, par lequel est fait le mobile lui-même, pour qu'il puisse effectivement être mû. Mais ce raisonnement dépend des <prémisses> précédentes. En effet, si on accordait que le mouvement n'existe pas <depuis> toujours, mais qu'il y a eu une première mutation, avant laquelle il n'y avait eu aucune <autre> ; il s'ensuivrait que cette première mutation aurait <besoin> d'un mobile, et que ce mobile serait fait puisqu'il n'aurait pas été auparavant : puisqu'il a été posé que tous les mobiles sont faits. Tout ce qui advient alors qu'auparavant il n'était pas, advient par un mouvement ou une mutation ; et le mouvement ou la mutation par lequel advient un mobile, est antérieur à la mutation par laquelle le mobile est mû. Donc, avant la mutation qui est déclarée première, il y a <en réalité> une autre mutation, et ainsi à l'infini. Si on dit que les mobiles préexistent depuis toujours, alors qu'il n'y aurait aucun mouvement, cela paraît irrationnel et le fait d'ignorants. Il apparaît immédiatement que s'il y a des mobiles, il faut qu'il y ait un mouvement : les mobiles naturels sont en même temps des mouvants, comme cela apparaît dans le troisième <livre des *Physiques*>. S'il existe des mouvants et des mobiles naturels, il est nécessaire qu'il y ait un mouvement. Mais pour que nous avancions plus profondément dans la recherche de la vérité, il est nécessaire que se produise la même chose, soit en posant des mobiles et des mouvants préexistant depuis toujours au mouvement, soit en les posant comme faits <à un moment> : à savoir qu'avant la mutation qui est posée comme première, il y a <en réalité> une autre mutation, et ainsi à l'infini. Ce qui apparaît de la façon suivante. Si on pose qu'il y a des mobiles et des moteurs, et que cependant, à un moment, un premier mouvant commence à mouvoir, et que quelque chose est mû <par lui>, mais qu'avant cela rien n'est mû mais <tout> est en repos : il sera nécessaire de dire qu'il y a une autre mutation réalisée dans le mouvant ou le mobile avant que ce qui est posé comme le premier mouvant commence à mouvoir. Ce qui apparaît ainsi. Le repos est une privation du mouvement. Or la privation n'inhère dans ce qui est susceptible de <recevoir> l'habitus et la forme que par <le biais> d'une cause. Donc il y avait une cause soit du côté du moteur, soit du côté du mobile, <qui explique> pourquoi il y a repos. Et tant que dure <cette cause>, le repos se prolonge. Si donc, à un moment, un mouvant commence à mouvoir, il faut qu'ait été écartée cette cause du repos. Mais elle ne peut être écartée que par un mouvement ou une mutation. Il s'ensuit donc qu'avant cette mutation qui est déclarée première, il existe une autre mutation antérieure, par laquelle est écartée la cause du repos.

Ensuite, quand il dit : « *alia quidem enim*, etc. », il prouve la nécessité de l'argument précédent. Quelqu'un pourrait dire qu'il arrive qu'une <chose> quelquefois soit en repos et quelquefois soit mue, sans que préexiste une cause de repos, qui doive être écartée <pour permettre le mouvement>. Il veut donc exclure cette <hypothèse>. Et à ce propos il fait deux choses : premièrement, il avance quelque chose qui est nécessaire à son propos ; deuxièmement, il apporte la preuve proposée, là <où il dit> : « *sed igitur quaecumque possibilia sunt*, etc. ». Il dit donc, premièrement, que parmi les choses qui meuvent, certaines meuvent de façon singulière, c'est-à-dire seulement selon un seul mode ; tandis que certaines meuvent selon des mouvements contraires. Celles qui meuvent uniquement selon un seul mode sont les choses naturelles : ainsi, le feu chauffe toujours, et ne refroidit jamais. Tandis que les êtres qui agissent par intelligence meuvent selon des mouvements contraires, car la même science apparaît comme portant sur les contraires, telle la médecine qui est science de l'homme en bonne santé et du malade ; et c'est pourquoi il semble que le médecin, par sa science, peut mouvoir selon des mouvements contraires. Il pose cette distinction des mouvants, parce qu'en ceux qui agissent par intelligence, ce qu'il a dit ne semble pas vrai, à savoir que pour que quelque chose soit mû alors qu'auparavant il était en repos il faut d'abord que soit écartée la cause de son repos. Les choses qui agissent par intelligence semblent aller vers les opposés sans mutation d'elles-mêmes; elles semblent ainsi pouvoir mouvoir et ne pas mouvoir, sans mutation. Afin que par cela son argument ne soit pas empêché, il souligne que son argument vaut semblablement pour les choses qui agissent par l'intelligence et pour celles qui agissent par nature. En effet, les choses qui agissent par nature, par soi meuvent toujours dans une seule <direction>, mais par accident meuvent quelquefois dans la <direction> contraire; et pour que cet accident survienne, il est nécessaire qu'existe une mutation. Ainsi, le froid par soi refroidit toujours, mais par accident il <peut> réchauffer. Or, que par accident il réchauffe, cela se fait par une mutation : soit en tant qu'il a été changé de place, en sorte qu'il établit un autre rapport à ce qui est réchauffé par lui alors qu'auparavant cela était refroidi par lui; soit en tant qu'il disparaît totalement. Nous disons, en effet, que le froid est cause de la chaleur par son absence, comme le pilote est cause du naufrage du navire par son absence. Semblablement, le froid est par accident cause de la chaleur, soit par son plus grand éloignement, soit par sa plus grande proximité : comme, en hiver, les parties intérieures des animaux sont plus chaudes, la chaleur redoublant à l'intérieur à cause du froid environnant. Il en est ainsi pour l'agent par intelligence. La science, en effet, quoiqu'il y en ait une seule <portant> sur les choses contraires, ne se situe pas à égalité entre les deux <opposés>, mais <est orientée> principalement vers un seul : ainsi, la médecine est ordonnée par soi à produire la santé. S'il arrive que le médecin use de sa science, au contraire, pour susciter la maladie, cela ne provient pas par soi de sa science, mais seulement par accident, à cause de quelque chose d'autre. Et pour que cette autre chose advienne alors qu'auparavant elle n'était pas, il est nécessaire qu'il y ait une mutation.

Ensuite, quand il dit : « *sed igitur quaecumque*, etc. », il apporte la preuve pour montrer <la vérité> de la proposition. Il dit donc qu'à partir de ce fait que les agents selon la nature et les agents selon l'intelligence se comportent de façon similaire, nous pouvons dire universellement en parlant de toutes les choses, que lorsqu'une chose peut agir ou subir ou mouvoir ou être mue, cela ne peut se faire sans aucune limite, c'est-à-dire que cette chose ne peut mouvoir ou être mue quelle que soit sa disposition ; mais que cela ne peut se faire que selon une certaine disposition et une proximité vis-à-vis d'une autre. Et il conclut de ces prémisses ce qui a déjà été dit, à savoir que tant pour les agents selon la nature que pour les agents selon la volonté, il n'y a pas d'autre cause de diversité que le fait d'être impliqué dans une autre relation. Et donc il faut que lorsque s'approchent l'un de l'autre le mouvant et le mû selon une convenable proximité, et semblablement quand ils sont dans une disposition telle qu'il est requis pour que l'un meuve et l'autre soit mû, il est alors nécessaire que celui-ci soit mû et que celui-là meuve. Et si le mouvement n'apparaît pas dans tous les cas, il est manifeste que c'est parce qu'ils ne se trouvent pas dans une relation telle que maintenant l'un meuve et l'autre soit mû ; ils se présentent <plutôt> comme n'étant pas en possibilité pour le moment de mouvoir et d'être mû ; ce n'est que plus tard qu'ils vont se trouver dans une relation telle que l'un meuve et que l'autre soit mû. Donc il est nécessaire que l'un d'entre eux subisse une mutation. Nous voyons cela arriver chez toutes les choses qui sont <orientées> vers quelque chose d'autre, qu'il ne leur arrive jamais un nouvel état d'être, sinon par la mutation des deux ou <au moins> de l'un des deux. Par exemple, dans le cas où une chose, qui d'abord n'est pas double, devient à un moment double, si les deux extrêmes ne subissent pas une mutation, il faut au moins que l'un des deux extrêmes en subisse une. Et ainsi, si nouvellement advient un certain état d'être par lequel une chose meut tandis qu'une autre est mue, il faut que, soit les deux, soit <au moins> l'une des deux ait subi d'abord un mouvement. Il s'ensuit donc qu'il existe une mutation antérieure à cette mutation qui a été déclarée première.

Ensuite, quand il dit : « *adhuc autem prius et posterius*, etc. », il poursuit son propos, avec une raison prise du côté du temps. Et premièrement il commence par poser deux <points> qui sont nécessaires pour prouver la suite. Le premier est que l'avant et l'après ne peuvent être si le temps n'est pas, puisque le temps n'est rien d'autre que l'avant et l'après selon qu'ils sont nombrés. Le deuxième est que le temps ne peut être si le mouvement n'est pas ; ce qui apparaît au regard de la définition du temps, qu'il a posée plus haut dans le quatrième <livre>, en disant que le temps est le nombre du mouvement selon l'avant et l'après.

Deuxièmement, à cet endroit : « *si igitur tempus*, etc. », il conclut sous forme conditionnelle à partir de ce qui a été dit au quatrième <livre>. Il pose là, en effet, selon sa sentence, que le temps est le nombre du mouvement ; selon la sentence d'autres philosophes, que le temps est un mouvement, comme il le dit au même endroit. Quelle que soit celle de ces <propositions> qui soit vraie, il s'ensuit que cette conditionnelle est vraie : si le temps est toujours, il est nécessaire que le mouvement soit perpétuel.

Troisièmement, à cet endroit : « *at vero de tempore*, etc. », il prouve l'antécédent de ladite conditionnelle de deux façons.

Et premièrement par l'opinion des autres. Il dit en effet que tous les philosophes sauf un, à savoir Platon, semblent estimer de façon concordante que le temps est *inengendré*, c'est-à-dire qu'il n'a pas commencé à exister après n'avoir d'abord pas existé. C'est par là que Démocrite prouve qu'il est impossible que toutes les choses aient été faites, comme si elles avaient commencé nouvellement, car il est impossible que le temps soit fait de telle sorte qu'il commence nouvellement. Seul Platon *engendre le temps*, c'est-à-dire dit que le temps est fait nouvellement. Platon dit, en effet, que le temps est fait en même temps que le ciel ; il posait donc que le ciel *a été fait*, c'est-à-dire a un principe de durée, comme le lui impute ici Aristote, selon que ses paroles semblent superficiellement affirmer cela ; quoique les Platoniciens disent que Platon dit que le ciel a été fait, en tant qu'il a un principe actif de son être, non dans le sens où il aurait un principe de durée. Ainsi, seul Platon semble penser que le temps ne peut être sans mouvement : car il ne pose pas que le temps soit avant le mouvement du ciel.

Deuxièmement, à cet endroit : « *si igitur impossibile*, etc. », il prouve la même chose par un argument : car il est impossible de dire ou de penser que le temps serait sans l'instant lui-même, comme il est impossible que la ligne soit sans le point. L'instant est un certain milieu, ayant dans sa définition d'être simultanément principe et fin, principe du temps futur, fin du temps passé. De là apparaît nécessaire que le temps soit <depuis> toujours. Quel que soit le temps que nous prenions, son extrémité, de chaque côté, est un instant. Et cela apparaît par le fait qu'on ne peut rien concevoir, en acte, du temps, sinon l'instant : car ce qui est passé a déjà disparu, et ce qui est futur n'est pas encore. L'instant qui est pris comme extrémité du temps est un principe et une fin, comme il a été dit. Donc, il est nécessaire, si l'on prend l'une ou l'autre des extrémités de n'importe quel moment, que le temps soit toujours : autrement, le premier instant ne serait pas une fin, et le dernier instant ne serait pas un principe. Et de ce que le temps est sempiternel, il conclut qu'il est nécessaire que le mouvement soit sempiternel. Et il assigne la raison de cette conséquence : car le temps est une certaine propriété du mouvement ; c'est en effet son nombre, comme il a été dit.

Mais il semble que l'argument d'Aristote ne soit pas efficace. L'instant se positionne par rapport au temps, comme le point par rapport à la ligne, ainsi qu'on le voit au sixième <livre des *Physiques*>. Or il n'est pas de la définition du point d'être un milieu. Mais il y a un point qui est seulement le principe de la ligne, et un <autre> qui est seulement sa fin. En fait, un point n'est <forcément> principe et fin que lorsqu'il appartient à une ligne infinie. On ne peut pas prouver qu'une ligne est infinie à partir de ce que tout point serait principe et fin ; mais <il faut dire> plutôt au contraire que c'est à partir du fait qu'une ligne est infinie qu'on peut prouver que chacun de ses points est principe et fin. Ainsi, il semble que <l'assertion> « tout instant est principe et fin » n'est vraie que dans la mesure où le temps est posé comme sempiternel. Il semble qu'Aristote, en employant ce principe d'argumentation, suppose la sempiternité du temps qu'il doit prouver. Averroès, voulant sauver l'argument d'Aristote, dit que <le fait> que l'instant soit toujours principe et fin lui convient du fait que le temps n'est pas stable, comme la ligne, mais fluent. Il est manifeste que <cette assertion> n'a rien à faire dans notre propos. De ce que le temps est fluent et non stable, il s'ensuit qu'un unique instant ne peut être parcouru deux fois, alors qu'un unique point peut être parcouru deux fois ; mais le flux du temps n'a rien à faire dans le fait que l'instant soit simultanément principe et fin. La même raison prévaut pour le début et pour la fin dans tous les continus, qu'ils soient permanents ou qu'ils soient fluents, comme cela apparaît au sixième <livre des *Physiques*>.

Mais il faut parler autrement, selon l'intention d'Aristote, du fait que tout instant serait principe et fin : il veut l'appuyer sur ce qu'il a supposé en premier, à savoir que l'avant et l'après ne seraient pas si le temps n'était pas. La supposition de ce principe n'est utile à rien d'autre ; mais c'est de lui qu'il conclut que tout instant est principe et fin. Si l'on accorde qu'un instant est le principe d'un certain temps, il est manifeste, à partir de la définition du mot « principe », qu'est principe de ce temps ce avant quoi rien de ce temps n'existe. Il faut donc concevoir quelque chose d'antérieur ou de préexistant à cet instant même qu'on a posé comme le principe de ce temps. « Antérieur » ne <se conçoit> pas sans le temps ; donc l'instant qui est posé comme le principe de ce temps est également la fin d'un temps. De la même façon, si un instant est posé comme fin d'un temps, il s'ensuit qu'il est également un principe <d'un temps> : car il est de la définition même de la fin qu'après elle il n'y ait plus rien. Or « postérieur » ne <se conçoit> pas sans le temps ; il s'ensuit donc que l'instant qui est posé comme une fin est également le principe d'un temps.

Ensuite, quand il dit : « *eadem autem ratio est*, etc. », il montre que le mouvement sera toujours dans le futur. Et il le montre du côté du mouvement <lui-même> : car l'argument pris plus haut du côté du mouvement concluait simplement que le mouvement n'a jamais commencé. L'argument pris du côté du temps, en revanche, concluait dans les deux sens : et qu'il n'a jamais commencé, et qu'il ne cessera jamais. Il dit qu'on peut prouver que le mouvement est incorruptible, c'est-à-dire qu'il ne cessera jamais, par la même raison avec laquelle on prouve que le mouvement n'a jamais commencé. De même que, de ce que si le mouvement avait commencé, il s'ensuivrait qu'il existerait une mutation antérieure à cette mutation qu'on a posée comme première ; de même, si l'on posait que le mouvement devait cesser à un moment, il s'ensuivrait qu'il existerait une mutation postérieure à celle qu'on a posée comme ultime. Et comment cela s'ensuit, il le manifeste en abrégeant ce qu'il a dit plus haut d'une manière plus diffuse à propos du commencement du mouvement. Il avait posé que si le mouvement a commencé, soit les mobiles et les mouvants ont commencé, soit ils ont toujours existé. Une division similaire peut être posée ici : en effet, si le mouvement cesse, soit les mobiles et les mouvants demeurent, soit non. Mais comme il a montré plus haut qu'il s'ensuit la même chose dans les deux cas, ici il ne s'intéresse qu'à une des parties de l'alternative, c'est-à-dire qu'il pose que le mouvement cesse en sorte que les mobiles et les mouvants cessent <aussi>. Ceci supposé, il dit que ne se reposent pas, c'est-à-dire ne cessent pas, en même temps le mouvement en acte et le mobile lui-même ; mais, de même que la génération du mobile est antérieur à son mouvement, la corruption du mobile est postérieure à

la cessation de son mouvement. Ce qui apparaît ainsi :
il arrive que reste quelque chose de combustible, après
que <le feu> ait cessé de brûler. Et il faut dire du moteur
ce qui a été dit du mobile : car ce n'est pas au même
moment que cesse d'exister le mouvant en action et le
moteur en puissance. Il apparait ainsi que si le mobile lui-
même est corrompu après la cessation du mouvement, il
y a nécessairement une certaine corruption <active> de ce
mobile. Et donc, puisqu'on pose que tous les mouvants
et <tous> les mus cessent, il y aura nécessairement de
façon postérieure le fait que l'agent corrupteur lui-
même sera corrompu. Mais comme la corruption est une
certaine mutation, il s'ensuit qu'après l'ultime mutation
il y a <d'autres> mutations. Comme c'est impossible, il
s'ensuit que le mouvement dure perpétuellement.

Tels sont les arguments par lesquels Aristote entend
prouver que le mouvement est <depuis> toujours et ne
cessera jamais. Ce qui répugne à notre foi pour une part,
celle par laquelle il pose que le mouvement est <depuis>
toujours. Selon ce que pose notre foi, rien n'est <depuis>
toujours, sinon Dieu seul, qui est parfaitement immobile ;
à moins que quelqu'un ne veuille, par hasard, nommer
« mouvement » l'intellection divine elle-même ; mais
<en ce cas la notion de mouvement> doit être comprise
de façon équivoque. D'ailleurs, Aristote ne vise pas ici un
tel « mouvement », mais bien le mouvement proprement
dit. Quant à l'autre part, elle n'est pas absolument
contraire à la foi : car, comme il a été dit plus haut,
Aristote ne s'occupe pas du mouvement du ciel, mais
universellement du mouvement <en général>. Selon notre
foi, nous posons que la substance du monde a commencé
à un moment, bien qu'elle ne doive jamais cesser d'être.

Nous posons également que certains mouvements existeront toujours, spécialement dans les hommes qui demeureront toujours, menant une vie incorruptible, soit misérable, soit heureuse. Certains, pour tenter, en vain, de montrer qu'Aristote ne parle pas contre la foi, ont dit qu'Aristote n'entendait pas ici prouver comme vrai que le mouvement est perpétuel, mais qu'il apporte des arguments dans les deux sens, comme pour une chose douteuse ; ce qui, à partir même de son mode de procéder, apparaît frivole. En outre, il utilise la perpétuité du temps et du mouvement comme principe pour prouver qu'il existe un premier principe, tant ici au huitième <livre des *Physiques*> qu'au douzième <livre> de la *Métaphysique* ; ce qui manifeste qu'il suppose ce <point parfaitement> prouvé.

Mais si quelqu'un considère de façon droite les arguments apportés ici, <il verra que> la vérité de la foi ne peut être combattue efficacement par de tels arguments. De tels arguments sont efficaces pour prouver que le mouvement n'a pas commencé selon un mode naturel, comme cela avait été posé par certains. Mais qu'il n'ait pas commencé comme pour les choses qui ont été produites nouvellement par le premier principe des choses, selon que le pose notre foi, cela ne peut être prouvé par ces arguments : ce qui apparaît à celui qui considère chacun des arguments proposés ici. Quand il cherche à savoir, en effet, supposé que le mouvement ne soit pas <depuis> toujours, si les mouvants et les mobiles sont <depuis> toujours ou non, il faut répondre que le premier mouvant est <depuis> toujours, mais que tous les autres, qu'ils soient mouvants ou mobiles, ne sont pas <depuis> toujours, mais ont commencé d'être par

<l'action de> la cause universelle de tout l'être. Il a été montré plus haut que la production de tout l'être par la cause première de l'être n'est pas un mouvement, que cette émanation des choses soit posée comme de <toute> éternité ou non. Ainsi, il ne s'ensuit pas qu'avant la première mutation il y ait eu une <autre> mutation. Cela s'ensuivrait si les mouvants et les mobiles étaient produits nouvellement dans l'être par un agent particulier, qui agirait <sur la base> d'un sujet présupposé, qu'il ferait passer du non-être à l'être, c'est-à-dire de la privation à la forme. En réalité, c'est de ce mode de commencer que traite l'argument d'Aristote.

Mais comme nous posons qu'un premier moteur au moins a toujours été, il reste à répondre à sa déduction suivante, par laquelle il conclut que, des mouvants et des mobiles étant préexistants, si un mouvement commence d'être nouvellement, il faut que les mouvants ou les mobiles n'aient pas été auparavant dans la disposition dans laquelle ils sont au moment où <se produit> le mouvement : ainsi, il faudrait qu'une mutation précède la première mutation. Si nous parlons du mouvement lui-même, la réponse est facile : les mobiles n'étaient pas auparavant dans la disposition où ils sont maintenant puisque, auparavant, ils n'existaient pas ; et donc ils ne pouvaient pas être mus. Mais, comme il a été dit, ils n'ont pas acquis l'être même par mutation ou mouvement, mais par émanation du premier principe des choses. Donc il ne s'ensuit pas qu'avant la première mutation il y ait une <autre> mutation. Mais demeure ultérieurement la question de la première production des choses. En effet, si le premier principe, qui est Dieu, n'est pas autrement maintenant qu'auparavant, il ne produit pas davantage les choses maintenant qu'auparavant. Si, au contraire, il est autrement, au moins la mutation qui se produit de son côté sera antérieure à la mutation qui a été posée comme première. Certes, s'il était un agent seulement par nature, et non par volonté et intelligence, l'argument conclurait avec nécessité. Mais puisqu'il agit par volonté, il peut par une volonté éternelle produire un effet non éternel, de même qu'une intelligence éternelle peut appréhender une chose non éternelle. La chose appréhendée est, en effet, en quelque sorte le principe de l'action dans les agents par volonté, comme la forme naturelle l'est dans les agents par nature.

Mais on oppose encore une instance plus forte. Nous ne voyons pas, en effet, que la volonté retarde ce qu'elle veut faire, sinon parce qu'elle attend quelque chose dans le futur, qui n'est pas encore dans le présent. Ainsi, je veux faire un feu non pas maintenant, mais postérieurement, car j'attends le froid, qui sera la cause pour laquelle je ferai un feu ; ou au moins j'attends la présence d'un certain temps. Mais qu'un temps succède à un temps, cela ne se fait pas sans mouvement : il ne peut donc se faire que la volonté, même supposée immobile, retarde ce qu'elle veut faire sinon par l'intervention d'un certain mouvement. Et donc il ne peut arriver que la nouvelle production des choses provienne d'une volonté éternelle, sinon par la médiation de mouvements se succédant à l'infini. Mais il échappe à ces objectants qu'une telle objection vise un agent dans le temps, qui agit dans la mesure où le temps est présupposé. Dans une telle action qui se fait dans le temps, il faut considérer une certaine relation déterminée à ce temps, ou à quelqu'une des choses qui sont dans ce temps, pour que <cette action> se fasse dans ce temps plutôt que dans un autre. Mais cette considération n'a pas lieu d'être pour l'agent universel, puisqu'il produit le temps lui-même avec les autres <choses>. En effet, quand nous disons que les choses n'ont pas été produites par Dieu <depuis> toujours, nous ne pensons pas qu'un temps infini a précédé <cette production>, pendant lequel Dieu aurait omis d'agir, après quoi en un temps déterminé il aurait commencé d'agir ; mais <bien plutôt> que Dieu a produit en même temps dans l'être le temps et les choses, après qu'ils n'aient pas existé. Et ainsi, il ne s'agit pas de considérer, concernant la divine volonté, que <Dieu> a voulu faire les choses non pas à ce moment-là, mais postérieurement, comme si le temps existait déjà ; mais il faut seulement considérer cela, qu'il a voulu que les choses et le temps de leur durée commencent d'exister après n'avoir pas existé. Et si l'on cherche pourquoi il a voulu cela, sans aucun doute il faut dire que c'est à cause de lui-même. De même qu'il fait les choses en vue de lui-même, pour qu'en elles une similitude de sa bonté soit manifestée ; ainsi il a voulu qu'elles ne soient pas toujours, pour que son auto-suffisance soit manifestée, en cela que, aucune des autres choses n'existant, lui-même trouve en lui-même toute la suffisance de sa béatitude, et sa capacité à produire les choses. Et ceci peut être dit pour autant que la raison humaine peut percevoir les choses divines ; restant sauf le secret de la divine sagesse, qui ne peut être parfaitement compris par nous.

Parce que la solution de cet argument procède en supposant que le temps n'a pas toujours été, il reste à résoudre l'argument par lequel il semble être montré que le temps a toujours été ; et peut-être qu'Aristote pose l'argument à propos du temps après l'argument à propos du mouvement, parce qu'il considère que le susdit argument à propos du mouvement n'est pas efficace, sauf si l'on pose un temps éternel. Ce qu'il dit, qu'à chaque fois qu'il y a le temps il est nécessaire de poser qu'il y a un instant, doit être indubitablement concédé; mais que tout instant soit principe et fin d'un temps, il n'est pas nécessaire de le concéder, à moins de poser que le mouvement est <depuis> toujours. Comme si tout indivisible pris dans un mouvement, ce qu'on appelle un moment, était <forcément> le principe et la fin du mouvement; car l'instant se tient vis-à-vis du moment, comme le temps vis-à-vis du mouvement. Mais si nous posons que le mouvement n'a pas toujours été, mais qu'il faut admettre un premier indivisible dans le mouvement, avant lequel il n'y avait aucun mouvement; de même, il faudra admettre un certain instant dans le temps, avant lequel il n'y avait pas de temps. Nous avons déjà montré, en exposant la lettre, que ce que dit Averroès pour confirmer cet argument n'a pas d'efficacité. Mais ce que pose Aristote dans ce but, c'est-à-dire que l'avant et l'après ne sont pas sans le temps, ne peut pas non plus être efficace. Lorsque nous disons que le principe du temps existe avant que rien de ce <temps> ne soit, il n'est pas nécessaire à cause de cela que l'instant lui-même qui est principe du temps précède le temps qui est signifié lorsqu'on dit « avant »; comme, concernant la grandeur, si je dis que le principe de la grandeur est ce en dehors de laquelle rien de cette <grandeur> n'est, il n'est pas nécessaire que « en dehors de ce principe » signifie un lieu existant dans la nature des choses, mais seulement un <lieu> imaginable; autrement, ce serait poser un lieu au-delà du ciel, dont la grandeur est finie puisqu'il a un principe et une fin. Semblablement, le premier instant, qui est le principe du temps, n'est pas précédé par un temps existant dans la nature des choses, mais seulement <par un temps existant> dans notre imagination. Et c'est ce temps <imaginaire> que l'on désigne quand on dit que le premier instant est le principe du temps, avant lequel il n'y a aucun temps. On peut dire aussi que quand on dit que le principe du temps est celui avant lequel il n'y a aucun temps, ce mot « avant » n'est pas affirmé, mais nié ; et ainsi, il n'est pas nécessaire de poser un temps avant le principe du temps. Car pour les choses qui sont dans le temps, il arrive qu'un certain temps préexiste à leur principe. Quand on dit, par exemple, que le principe de la jeunesse est celui avant lequel il n'y a pas de jeunesse, le mot « avant » peut être compris de façon affirmative, car la jeunesse est mesurée par le temps. Mais le temps <lui-même> n'est pas mesuré par le temps ; et donc le temps ne préexiste pas à son principe ; et donc ce mot « avant », qui est posé dans la définition du principe du temps, il n'est pas nécessaire qu'il soit affirmé, mais <seulement> nié. Il y a cependant avant le temps une certaine durée, à savoir l'éternité de Dieu, qui n'a pas d'extension suivant l'avant ou l'après, comme le temps, mais qui est absolument simultanée ; elle n'est donc pas du même ordre que le temps, pas plus que la grandeur divine n'est du même ordre que la grandeur corporelle. Quand nous disons qu'en dehors du monde il n'y a rien, sinon Dieu, nous ne posons pas une dimension <corporelle> en dehors du monde : de même, quand nous disons qu'avant le monde il n'y avait rien, nous ne posons pas une durée successive avant le monde.

QUAESTIONES DE QUOLIBET
III, q. 14, a. 2

Source : *Sancti Thomae de Aquino Opera omnia jussu Leonis XIII P.M. edita cura et studio Fratrum Praedicatorum tomus XXV, [continens] Quaestiones de Quolibet, volumen II*, Roma-Paris, Commissio leonina, 1996.

Leçon 2

Secondement, est-il possible de prouver démonstrativement que le monde n'est pas éternel ?

Pour le second point, on procède ainsi. Il semble qu'il soit possible de prouver démonstrativement que le monde n'est pas éternel.

Si, en effet, le monde était éternel, on ne pourrait compter le nombre d'années depuis le début du monde ; pourtant, ce nombre est inscrit sur le cierge pascal ; et alors, le cierge pascal ne pourrait être béni dans l'Église.

En outre. Les épactes sont comptées selon la croissance des années lunaires par rapport aux années solaires ; mais une telle croissance ne pourrait être comptée, si le monde était éternel ; donc le monde n'est pas éternel. Donc on peut démontrer que le monde n'est pas éternel.

Mais contre <cela>. Ce qui est de foi ne peut être démontré, parce que la foi <porte sur> les choses non apparentes, comme il est dit en Hébreux 11. Mais que le monde soit créé à partir d'un principe temporel est un article de foi (c'est donc prophétiquement qu'il est dit par Moïse : « Au commencement, Dieu créa le ciel et la terre », comme Grégoire le dit dans <sa> première homélie sur Ézéchiel). Donc, que le monde ne soit pas éternel ne peut être prouvé démonstrativement.

Réponse. Il faut dire que ce qui est soumis à la simple volonté divine ne peut être prouvé démonstrativement parce que, comme il est dit dans la première aux Corinthiens 2, « <les choses> qui sont de Dieu, personne ne <les> connaît sinon l'Esprit de Dieu ». Or la création du monde ne dépend pas d'une autre cause que la seule volonté de Dieu. Donc ce qui touche au principe du monde ne peut être prouvé démonstrativement, mais est tenu par la seule foi, révélée prophétiquement par le Saint-Esprit, comme l'Apôtre l'ajoute après les paroles précitées : « A nous, Dieu l'a révélé par l'Esprit-Saint ».

Il faut faire très attention à ce que quelqu'un ne présume d'apporter des démonstrations pour <les choses> qui sont de foi, pour deux <raisons>. Premièrement, parce qu'en cela il déroge à l'excellence de la foi, dont la vérité excède toute raison humaine, selon Ecclésiastique 3 : « Plusieurs <choses> te sont montrées <qui sont> au-delà de l'esprit de l'homme ». Or ce qui peut être prouvé démonstrativement est soumis à la raison humaine. Deuxièmement, parce que, comme la plupart du temps de telles raisons sont frivoles, elles donnent une occasion de dérision aux infidèles, lorsqu'ils estiment que c'est à cause de raisons de ce genre que nous donnons notre assentiment à ce qui est de foi.

Et cela apparaît expressément dans les raisons apportées ici, qui sont risibles et d'aucun poids.

Ce qu'on induit premièrement du cierge pascal n'a aucune force sinon <celle> de l'autorité; or prouver par autorité n'est pas prouver démonstrativement, mais susciter la foi ou l'opinion. D'ailleurs, serait beaucoup plus valide l'autorité de la sainte Écriture que <celle> du cierge pascal, surtout que le cierge pascal peut être béni sans l'inscription des années du monde. N'est en effet pas de nécessité pour le cierge pascal une telle inscription, c'est pourquoi en de multiples endroits il n'est pas de coutume qu'il soit inscrit quelque chose sur le cierge.

Ce qui est opposé en deuxième est risible : la croissance des années lunaires <par rapport> aux <années> solaires n'est pas comptée à partir du début du monde, mais à partir d'un point de repère déterminé, par exemple d'une opposition entre le soleil et la lune, ou d'une conjonction, ou de quelque chose de tel, comme c'est <le cas> pour tous les autres calculs astronomiques.

QUAESTIONES DE QUOLIBET
XII, q. 5, a. 1

Source : *Sancti Thomae de Aquino Opera omnia jussu Leonis XIII P.M. edita cura et studio Fratrum Praedicatorum tomus XXV, [continens] Quaestiones de Quolibet, volumen II*, Roma-Paris, Commissio leonina, 1996.

Premièrement, est-ce que le ciel ou le monde est éternel ?

Réponse. Il faut dire que non, mais <le fait> que le monde ait commencé est du nombre des choses qui tombent sous la foi, non sous la démonstration. Car ce qui dépend de la simple volonté de Dieu peut être ou ne pas être. Et que cela soit, aucune nécessité ne l'induit de la part de Dieu : la divine bonté, en effet, qui est la fin des choses, peut exister, que le monde existe ou qu'il n'existe pas.

DE ÆTERNITATE MUNDI

Source : *Sancti Thomae de Aquino Opera omnia jussu Leonis XIII P.M. edita cura et studio Fratrum Praedicatorum tomus XLIII, [continens] De Principiis naturae, De Æternitate mundi, De Motu cordis, De Mixtione elementorum, De Operationibus occultis naturae, De Judiciis astrorum, De Sortibus, De Unitate intellectus, De Ente et essentia, De Fallaciis, De Propositionibus modalibus*, Roma, Editori di San Tommaso, 1976.

Étant supposé, selon la foi catholique, que le monde a eu un début dans la durée, une interrogation naît <pour savoir> si le monde aurait pu être <depuis> toujours. Pour expliciter la vérité <concernant> cette interrogation, il faut d'abord distinguer en quoi nous convenons avec les adversaires, et quel est le <point> sur lequel nous différons d'eux. Si cela est compris <en ce sens> que quelque chose en dehors de Dieu a pu être <depuis> toujours, comme s'il pouvait y avoir quelque chose qui cependant ne serait pas fait par lui, c'est une erreur abominable, non seulement dans la foi, mais même auprès des philosophes, qui confessent et prouvent que tout ce qui est selon un mode quelconque ne peut être, sinon en tant que causé par celui qui au plus haut degré et en toute vérité a l'être. Si cela est compris <en ce sens> que quelque chose a pu être <depuis> toujours, mais cependant a été causé par Dieu selon la totalité de ce qui est en lui, il faut voir si cela peut se soutenir.

Si l'on dit que cela est impossible, on dira cela soit parce que Dieu n'a pu faire quelque chose qui soit <depuis> toujours ; soit parce que cela n'a pu être fait, même si Dieu pouvait le faire. Pour la première partie, tous consentent en cela que Dieu aurait pu faire quelque chose qui soit <depuis> toujours, en considérant sa puissance infinie ; il reste donc à voir s'il est possible que quelque chose soit fait, qui aurait été <depuis> toujours.

Si l'on dit que cela ne peut pas advenir, cela ne peut se comprendre que selon deux modes, ou ne <peut> avoir que deux causes de vérité ; soit à cause de l'éloignement de la puissance passive, soit à cause de la répugnance des concepts. Selon le premier mode, on peut dire, avant qu'un ange ne soit fait : « Un ange ne peut être fait », car ne préexiste pas à son être une puissance passive, puisque <un ange> n'est pas fait à partir d'une matière préexistante. Cependant, Dieu pouvait faire un ange, il pouvait faire qu'un ange soit fait, puisqu'il l'a fait et que <un ange> a été fait. Ainsi compris, il faut concéder purement et simplement, selon la foi, qu'un <être> causé ne peut être <depuis> toujours, parce que poser cela, c'est poser qu'une puissance passive a existé <depuis> toujours ; ce qui est hérétique. Cependant, de là il ne suit pas que Dieu n'aurait pu faire que soit fait quelque étant <qui serait depuis> toujours.

Selon le second mode, on dit que quelque chose ne peut être fait à cause de la répugnance des concepts, comme il ne peut se faire que l'affirmation et la négation soient vraies en même temps. Quoique Dieu puisse faire cela, selon ce que certains disent ; mais d'autres disent que même Dieu ne peut faire cela, parce que c'est du néant ; il est en effet manifeste qu'il ne peut faire que cela se fasse, parce que cette position, en tant qu'elle est posée, se détruit elle-même. Si cependant on pose que Dieu pourrait faire une telle chose en sorte qu'elle se fasse, cette position n'est pas hérétique, quoique je crois qu'elle soit fausse, comme <de dire que> le passé n'a pas existé inclut en soi une contradiction. C'est pourquoi saint Augustin <dit> dans <son> livre *Contre Fauste* : « Quiconque parle ainsi : "Si Dieu est tout-puissant, qu'il fasse que les choses qui ont été faites n'aient pas été faites", ne voit pas qu'il affirme <en fait> : "Si Dieu est tout-puissant, qu'il fasse que les choses qui sont vraies, par le fait même qu'elles sont vraies, soient fausses" ». Cependant, certains grands <esprits> ont dit avec piété que Dieu peut faire du passé qu'il ne se soit pas passé ; et cela n'a pas été réputé hérétique.

Il faut donc voir si dans ces deux <cas>, il y a répugnance des concepts à ce que quelque chose soit créé par Dieu et cependant soit <depuis> toujours ; et quel que soit ce qui sera vrai à ce propos, il ne sera pas hérétique de dire que cela peut être fait par Dieu, que quelque chose de créé par Dieu soit <depuis> toujours. Cependant, je crois que s'il y avait répugnance des concepts, ce serait faux. S'il n'y a pas répugnance des concepts, non seulement ce n'est pas faux, mais encore <ce n'est pas> impossible ; autrement il serait erroné d'en parler autrement. Puisqu'à la toute-puissance de Dieu il appartient d'excéder toute intelligence et toute capacité, il déroge expressément à la toute-puissance de Dieu, celui qui dit que quelque chose peut être pensé des créatures qui ne puisse pas être fait par Dieu. Et il n'y a pas <lieu de faire> d'instance

à propos des péchés, qui en tant que tels ne sont rien.
En cela donc consiste toute la question : est-ce qu'être
créé par Dieu selon toute sa substance, et ne pas avoir de
principe de la durée, <sont deux concepts qui> répugnent
entre eux, ou non ?

Qu'ils ne répugnent pas entre eux, on le montre ainsi.
S'ils répugnent, ce n'est qu'à cause d'une de ces deux
<possibilités>, ou à cause des deux ; soit parce qu'il faut
qu'une cause agente précède <son effet> dans la durée,
soit parce qu'il faut que le non-être précède <l'être> dans
la durée, puisqu'on dit que ce qui est créé par Dieu est fait
à partir de rien.

Premièrement, je montrerai qu'il n'est pas nécessaire
que la cause agente, c'est-à-dire Dieu, précède dans la
durée son <effet> causé, si <Dieu> lui-même le veut
<ainsi>. Premièrement ainsi : aucune cause produisant
son effet subitement n'a de nécessité à précéder dans la
durée son effet. Or Dieu est une cause produisant son
effet non par un mouvement, mais subitement. Donc il
n'est pas nécessaire qu'il précède dans la durée son effet.
La première <proposition> apparaît par induction dans
tous les mutations subites, comme l'illumination et autres
choses semblables ; néanmoins, on peut la prouver par la
raison ainsi.

Dans quelque instant où est posé qu'une chose est,
peut être posé le principe de son action, comme cela
apparaît dans tous les êtres qui peuvent être générés,
parce que dans l'instant où le feu commence d'être, il
chauffe. Mais dans l'opération subite, sont simultanés,
et même identiques, le principe et sa fin, comme dans
tous les indivisibles. Donc, dans quelque instant qu'est
posé un agent produisant son effet subitement, peut être

posé le terme de son action. Mais le terme de l'action est simultané avec l'effet lui-même : donc cela ne répugne pas à l'intellect si l'on pose qu'une cause produisant subitement son effet ne précède pas dans la durée ce qu'elle cause. Cela répugne pour les causes produisant par un mouvement leur effet, parce qu'il faut que le principe du mouvement précède sa fin. Et comme les hommes sont habitués à considérer de telles opérations qui se font par le mouvement, ils ne comprennent pas facilement qu'une cause agente ne précède pas son effet par la durée. De là vient que des <hommes> inexpérimentés en beaucoup <de choses>, ne considérant qu'un petit <nombre d'éléments>, parlent facilement <pour ne rien dire>.

On ne peut objecter à cet argument que Dieu est cause agente par sa volonté, parce que même <en ce qui concerne> la volonté, il n'est pas nécessaire qu'elle précède dans la durée son effet ; ni non plus l'agent <qui agit> par volonté, sinon dans la mesure où il agit à la suite d'une délibération ; ce qu'il ne convient pas que nous posions en Dieu.

En outre, la cause produisant toute la substance de la chose ne peut être moindre, en produisant toute la substance, que la cause produisant la forme dans la production de la forme. Et même, elle lui est de beaucoup supérieure, parce qu'elle ne la produit pas en la tirant de la puissance de la matière, comme cela arrive dans celui qui produit la forme. Or, un agent qui produit seulement la forme peut <faire> que la forme produite par lui soit à quelque moment que lui-même est, comme il apparaît dans le soleil qui illumine. Donc, à bien plus forte raison, Dieu, qui produit toute la substance de la chose, peut faire que son <effet> causé soit à quelque moment que lui-même est.

En outre, s'il y a une cause qui, posée en un instant quelconque, ne puisse poser dans le même instant l'effet qui procède d'elle-même, cela n'a lieu que parce qu'à cette cause il manque un complément quelconque : car une cause complète et son <effet> causé sont simultanés. Mais à Dieu jamais il ne manque un complément quelconque; donc son <effet> causé peut être posé <depuis> toujours, lui-même étant posé, et ainsi il n'est pas nécessaire qu'il le précède dans la durée.

En outre, la volonté de celui qui veut ne diminue en rien sa puissance, et spécialement en <ce qui concerne> Dieu. Mais tous ceux qui résolvent les arguments d'Aristote, par lesquelles il serait prouvé que les choses ont été faites <depuis> toujours par Dieu, selon ce <principe> que le même fait toujours le même, disent que cela s'ensuivrait s'il n'était pas un agent <agissant> par volonté. Donc, même si l'on pose un agent <agissant> par volonté, néanmoins il suit qu'il peut faire que <l'effet> causé par lui ne soit jamais non étant. Et ainsi, il apparaît qu'il ne répugne pas à l'intellect qu'il soit dit qu'une <cause> agente ne précède pas son effet par la durée, parce que pour les choses qui répugnent à l'intellect, Dieu ne peut pas faire que cela soit.

Maintenant, il reste à voir s'il répugne à l'intellect que quelque chose qui a été fait n'ait jamais été non étant, à cause de ce qu'il serait nécessaire que son non-être le précède par la durée, puisque l'on dit qu'il a été fait à partir de rien. Mais que cela ne répugne en rien est montré par une affirmation d'Anselme dans le *Monologion*, chapitre 8, exposant comment la créature est dite faite à partir de rien. « La troisième interprétation, dit-il, par laquelle il est dit que quelque chose est fait à partir de rien, c'est quand nous comprenons que cette chose a été faite, mais qu'il n'y avait pas quelque chose à partir duquel elle a été faite ; c'est une semblable signification qu'on semble utiliser quand on dit d'un homme attristé sans cause qu'il est attristé à propos de rien. Selon ce sens, si l'on comprend ce qui a été conclu plus haut, <à savoir> que, en dehors de la suprême essence, toutes <les choses> qui sont ont été faites par cette <suprême essence> même à partir de rien, c'est-à-dire pas à partir de quelque chose, aucun inconvénient ne s'ensuit ». D'où il apparaît que, selon cette façon d'exposer, il n'est pas posé un ordre de ce qui est fait au rien, comme s'il fallait que ce qui est fait soit d'abord du rien, et <devienne> quelque chose ensuite.

En outre, supposé que l'ordre par rapport au rien impliqué dans cette préposition <à partir de> demeure affirmé dans le sens suivant : la créature est faite à partir de rien, c'est-à-dire faite après le rien, ce mot « après » comporte absolument un ordre. Mais l'ordre est <un concept> multiple, à savoir <ordre> de durée et <ordre> de nature ; si donc, de ce qui est commun et universel, ne suit pas quelque chose de propre et de particulier, il n'est pas nécessaire que, à cause de ce que la créature est dite être après le rien, elle soit d'abord (selon la durée) du rien, et postérieurement devienne quelque chose ; mais il suffit que par nature le rien soit premier par rapport à l'étant. Est inhérent en premier naturellement à une chose quelconque ce qui lui convient en soi, <plutôt> que ce qu'elle a seulement à partir d'un autre ; or la créature n'a l'être qu'à partir d'un autre ; laissée à elle-même et considérée en elle-même, elle n'est rien : donc, pour elle, le rien est naturellement premier par rapport à l'être. Et il n'est pas nécessaire pour cela que l'étant et le rien soient simultanés, dans la mesure où ils ne se précèdent pas dans la durée. On ne pose pas, si la créature avait été <depuis> toujours, qu'en un certain temps elle n'aurait été rien, mais on pose que sa nature est telle qu'elle ne serait rien si elle était laissée à elle-même. De même, si nous disions que l'atmosphère avait <depuis> toujours été illuminée par le soleil, il faudrait dire que l'atmosphère aurait été faite lumineuse par le soleil. Et parce que tout ce qui se fait, se fait à partir de l'incontingent, c'est-à-dire à partir de ce à quoi il n'arrive pas d'exister en même temps que ce qui est dit se faire, il faut dire que <l'atmosphère> est faite lumineuse à partir du non lumineux ou ténébreux, non dans le sens qu'elle aurait jamais été non lumineuse ou ténébreuse, mais parce qu'elle serait telle, si le soleil la laissait à elle-même. Et cela apparaît de façon plus expresse dans les étoiles et les orbes qui sont toujours illuminées par le soleil.

Ainsi il apparaît que, lorsqu'il est dit que quelque chose a été fait par Dieu et n'a jamais été non étant, il n'y a pour l'intellect aucune répugnance. S'il y en avait une, il est admirable qu'Augustin ne l'ait pas vue, parce que ce serait une voie très efficace pour démontrer fausse l'éternité du monde. Or, alors que, par de multiples arguments, il combat l'éternité du monde dans le onzième et le douzième <livres> de *La Cité de Dieu*, il omet tout à fait cette voie <de démonstration>. Bien plutôt, il semble insinuer qu'il n'y a pas là répugnance des concepts, d'où ce qu'il dit au dixième <livre> de *La Cité de Dieu*, chapitre 31, parlant des platoniciens : « Ils ont trouvé comment ils comprennent cela, c'est-à-dire que ce n'est pas le début du temps mais <celui> de <l'existence> sous-jacente. Ainsi, disent-ils, si un pied, depuis l'éternité, était toujours dans la poussière, toujours il aurait en dessous une empreinte, et cependant personne ne douterait que cette empreinte ait été faite par ce <pied> marchant ; et l'un ne serait pas antérieur à l'autre, quoique l'un soit fait par l'autre. Ainsi, disent-ils, et le monde et les dieux créés en lui ont été <depuis> toujours, puisque <depuis> toujours existe celui qui les fit ; et cependant ils ont été faits ». Et jamais <Augustin> ne dit que cela ne peut se concevoir, mais c'est par un autre mode qu'il procède contre eux. De même il dit au onzième livre, chapitre 4 : « Eux qui professent que le monde a été fait par Dieu, ils ne veulent toutefois pas qu'il y ait un début du temps mais un début de sa création, en sorte qu'en quelque manière <le monde> soit toujours fait d'une façon à peine intelligible, et donc ils disent, etc. » La cause pour laquelle c'est à peine intelligible est touchée dans le premier argument.

Il est admirable que les plus nobles des philosophes n'aient pas vu cette répugnance. Augustin dit dans le même livre, au chapitre 5, parlant contre ceux dont il a été fait mention dans la précédente citation : « Nous nous occupons de ceux qui consentent avec nous à ce que Dieu soit le Créateur des corps et de toutes les natures qui ne sont pas lui-même » ; et à leur propos il poursuit ensuite : « Ceux-là ont vaincu les autres philosophes par la noblesse et l'autorité ». Et cela apparaît à celui qui considère avec diligence les dires de ceux qui ont posé que le monde est <depuis> toujours, parce que néanmoins ils posent que celui-ci a été fait par Dieu, ne percevant en rien cette répugnance des concepts ; donc ceux qui, si subtilement, la perçoivent sont seuls <véritablement> des hommes, et avec eux naît la sagesse.

Mais puisque certaines autorités semblent militer pour eux, il faut montrer qu'elles leur offrent un appui débile. Le Damascène dit, en effet, livre I, chapitre 8 : « Ce qui est conduit du non-étant à l'être n'est pas apte par nature à être coéternel à ce qui est sans principe et existe <depuis> toujours ». De même Hugues de Saint-Victor, au début de son livre *Les Sacrements*, dit : « La vertu de la toute-puissance ineffable ne peut avoir en dehors d'elle quelque chose de coéternel, par laquelle elle serait aidée en créant ».

Mais l'esprit de ces autorités et d'autres semblables apparaît par ce que dit Boèce à la fin du <livre> *De la Consolation* : « De façon non droite certains, lorsqu'ils entendent <dire> qu'il semble à Platon que ce monde ni n'a eu de début dans le temps, ni n'aura de fin, estiment que le monde créé a été fait coéternel au Créateur. Mais autre est de se dérouler au long d'une vie interminable, ce que Platon attribue au monde, et autre d'avoir présente tout ensemble, en même temps, cette vie interminable, ce qui est manifestement le propre du divin Esprit ». D'où il apparaît que ne s'ensuit pas ce que certains objectent, à savoir que la créature serait égalée à Dieu dans la durée.

Et que par ce mode <de parler> on dit qu'en aucune manière quelque chose ne peut être coéternel à Dieu, car rien ne peut être immuable sinon Dieu seul, cela apparaît par ce que dit Augustin au livre XII de *La Cité de Dieu*, chapitre 15 : « Le temps, parce qu'il court par sa mobilité, ne peut être coéternel à l'éternité immuable. Et pour cette raison, même si l'immortalité des anges ne passe pas dans le temps, n'étant ni passée comme si elle n'était déjà plus, ni future comme si elle n'était pas encore ; cependant leurs mouvements, par lesquels les temps sont parcourus, passent du futur au passé ; et ainsi ils ne peuvent être coéternels au Créateur, dans le mouvement duquel on ne peut pas dire qu'il fut quelque chose qui n'y était pas déjà, ni qu'il sera quelque chose qui n'y soit déjà ». De même, il dit au <livre> VIII du *Sur la Genèse* : « Parce qu'est tout à fait immuable cette nature de la Trinité, elle est ainsi éternelle que rien ne peut lui être coéternel ». Et il utilise des mots semblables au onzième <livre> des *Confessions*.

<Nos adversaires> ajoutent des arguments en leur faveur, que les philosophes ont déjà traités et résolus, parmi lesquelles le plus difficile est celui de l'infinité des âmes ; puisque si le monde était <depuis> toujours, il y aurait nécessairement aujourd'hui une infinité d'âmes. Mais cet argument n'est pas à propos ; parce que Dieu pouvait faire un monde sans hommes ni âmes, ou bien faire l'homme au moment où il l'a fait, même s'il avait fait la totalité du monde depuis l'éternité ; et ainsi il ne demeurerait pas après les corps une infinité d'âmes. En outre, il n'est pas jusqu'ici démontré que Dieu ne puisse pas faire qu'il y ait en acte des choses <en nombre> infini.

Il y a encore d'autres arguments, à la réponse desquelles je sursois à présent : tant parce qu'il leur est répondu ailleurs, que parce que certains d'entre eux sont si débiles, que par leur débilité ils semblent <plutôt> apporter une probabilité au parti contraire.

SUPER LIBRUM DE CAUSIS
lectio 11

Source : Henri Dominique Saffrey, *Sancti Thomæ de Aquino super librum De Causis expositio*, Fribourg-Louvain, Société philosophique-Nauwelaerts, 1954.

Si quelqu'un voulait réduire ce processus au sens qui apparaît superficiellement à partir de la proposition, il pourrait dire au final que les choses corruptibles sont connues par l'intelligence comme sempiternelles. Elles se trouvent, en effet, dans l'intelligence non matériellement, quoique, en soi, elles soient matérielles ; de même, donc, elles n'y sont pas temporellement, mais sempiternellement. Ce qui est manifesté par les effets : car l'effet immédiat de l'intelligence est sempiternel. Ce par quoi l'intelligence connaît, en effet, est principe en elle de son action, de même que l'artisan opère par la forme artisanale <qui est en lui>. La preuve qui est ici introduite, même si elle est admise par certains philosophes, n'a cependant pas de nécessité. Cette preuve étant acceptée, de nombreux fondements de la foi catholique seraient ôtés : il s'ensuivrait que les anges ne pourraient rien faire nouvellement et immédiatement dans les choses inférieures, et encore moins Dieu qui, non seulement est éternel, mais même avant l'éternité, comme il a été dit

plus haut. Et il s'ensuivrait au final que le monde serait
<depuis> toujours.

Cet argument pris de l'immobilité du Créateur paraît
très efficace <en faveur> de ceux qui posent l'éternité
du monde. Il ne semble pas qu'il puisse arriver qu'un
agent quelconque commence maintenant d'opérer, alors
qu'auparavant il n'opérait pas, s'il est tout à fait immobile,
à moins de présupposer, par hasard, quelque mutation
extérieure. Parce que, comme l'expose Averroès dans son
commentaire du <livre> VIII des *Physiques*, si un agent
volontaire veut faire quelque chose après et non avant,
il faut au moins que soit imaginé un <certain> temps,
qui est le nombre du mouvement. Il conclut donc qu'il
est impossible que, d'une volonté immobile et éternelle,
un effet nouveau provienne, si un mouvement n'est pas
présupposé. Et parce que ceci paraît être le plus efficace
argument dont on use pour prouver l'éternité du monde,
il faut se rendre attentif à <trouver> avec diligence la
solution de cet argument.

Il faut considérer qu'il faut parler autrement de
l'agent qui produit quelque chose dans le temps, et de
l'agent qui produit le temps simultanément à la chose
qui est produite dans le temps. Quand quelque chose est
produit dans le temps, il faut que possède une certaine
proportion à ce temps, soit seulement ce qui est produit,
soit même celui qui le produit. Car parfois l'action est
dans le temps, non seulement du côté de ce qui est l'objet
de l'action, mais même du côté de l'agent <lui-même>.
En effet, quelque chose est dans le temps selon qu'il
est en mouvement, dont le nombre est le temps. Quand
une mutation implique aussi bien ce qui est l'objet de
l'action que l'agent <lui-même>, alors l'action est dans

le temps pour l'un comme pour l'autre : par exemple, quand quelqu'un commence à prendre froid, il lui vient nouvellement à l'idée d'allumer un feu pour éloigner le froid. Cela, toutefois, n'arrive pas toujours : il y a en effet des choses dont la substance n'est pas dans le temps, mais dont l'opération est dans le temps, comme il sera dit plus loin. Un tel agent, sans mutation de lui-même, produit dans le temps son effet, alors que celui-ci n'était pas auparavant. Et ainsi Dieu peut produire nouvellement dans le temps quelque chose qui auparavant n'était pas, selon une certaine proportion de cet effet à ce temps, comme il arrive pour tous les effets miraculeux qui sont faits immédiatement par Dieu. N'est pas un obstacle le fait qu'on dise que <Dieu> produit par son être, car son être est son intelliger. Et bien que son être soit un, il intellige cependant de multiples choses, et à cause de cela il peut produire de multiples choses, quoique son intelliger demeure un et simple. Ainsi, quoique son être soit éternel et immobile, il peut cependant intelliger un être temporel et mobile, et donc, même si son intelliger est sempiternel, par lui il peut cependant produire un effet nouveau dans le temps. Ce dont un indice apparaît en quelque sorte en nous : un homme peut, sa volonté demeurant immobile, différer son action dans le futur, pour la faire en un temps déterminé.

Mais si on nous objecte que, chaque fois que cela arrive, il faut présupposer un autre mouvement par lequel il arrive que ce qui d'abord n'était pas convenable à faire est ensuite perçu comme convenable à faire, ne fût-ce que par l'écoulement lui-même du temps, qui ne peut être compris sans mouvement, nous répondrons que cela est vrai pour les effets particuliers de Dieu qu'il réalise dans le temps. Lorsqu'il ressuscite Lazare le quatrième jour et non auparavant, il le fait en fonction d'une certaine mutation précédente des choses. Mais dans la production de l'univers cela n'a pas lieu <d'être> car, en même temps que ce monde, est fait le temps et universellement tout le mouvement. Il n'y a donc pas quelque temps ou mouvement qui précède, auquel il faudrait proportionner la nouveauté de cet effet ; mais <il faut le proportionner> seulement à la raison de celui qui <le> fait selon qu'il pense et qu'il veut que cet effet n'advienne pas de <toute> éternité, mais commence <d'être> après n'avoir pas été. Ainsi le temps est la mesure de l'opération ou mouvement, comme la dimension est la mesure de la grandeur corporelle. Si nous cherchons, concernant quelque corps particulier, par exemple la Terre, pourquoi elle est renfermée dans ces limites de grandeur et ne s'étend pas au-delà, une raison peut en être <donnée> à partir de sa proportion au monde entier. Mais si, en revanche, nous cherchons, à propos de tout l'ensemble des corps, pourquoi il n'excède pas les limites de telle grandeur déterminée, la raison ne peut en être <prise> de sa proportion à quelque autre grandeur, mais soit il faut dire que sa grandeur corporelle est infinie, comme l'ont posé les antiques Physiciens, soit il faut prendre la raison de cette grandeur déterminée de la seule intelligence et de la seule volonté du Créateur. De même donc qu'un Dieu infini produit un univers fini selon la raison de sa sagesse, de même un Dieu éternel peut produire un monde « nouveau » selon cette même raison de sagesse.

SENTENTIA SUPER LIBRUM
DE CAELO ET MUNDO
I, lectio 6

Source : faute d'une édition critique, ce texte est traduit à partir de celui proposé par le site internet *Corpus thomisticum*.

Il est donc manifeste, à partir de cela, que le corps du ciel, selon sa nature, n'est pas sujet à la génération et à la corruption, en tant que premier dans le genre des mobiles, et le plus proche des choses immobiles. De là vient qu'il a le minimum du mouvement. Il se meut seulement d'un mouvement local qui ne change en rien, intrinsèquement, la chose. Et, parmi les mouvements locaux, il a le mouvement circulaire, qui a le minimum de variation. Car dans le mouvement sphérique, le lieu ne change pas pour le sujet tout entier, mais seulement pour la raison, comme il est prouvé au sixième <livre> des *Physiques* ; tandis que les parties changent de lieu même dans le sujet. Nous ne disons pas, cependant, selon la foi catholique, que le ciel a toujours été, même si nous disons qu'il doit durer toujours. Et ceci n'est pas contraire à la démonstration d'Aristote exposée ici ; car nous ne disons pas qu'il commence d'être par génération, mais par effluence à partir du premier principe, par lequel est fait

tout l'être de toutes les choses, comme les philosophes
eux-mêmes l'ont posé. Nous différons cependant d'eux
en cela qu'eux ont posé que Dieu a produit un ciel
coéternel à lui-même ; tandis que nous posons que le
ciel a été produit selon toute sa substance à partir d'un
premier moment déterminé du temps.

Contre cela, toutefois, Simplicius, le commentateur
d'Aristote, objecte sur ce point de trois façons.
Premièrement, parce que Dieu produit le ciel selon son
être, non par quelque chose d'autre ajouté : donc, puisque
son être est éternel et invariable, le ciel procède de lui
toujours. De même, si la bonté de Dieu est la cause des
choses, <cette> bonté de Dieu serait oisive et vacante
avant que le monde existe, si <celui-ci> commençait
à partir d'un premier moment déterminé du temps. De
même, à tout ce qui commence d'être dans une partie
déterminée du temps, alors qu'auparavant il n'était pas,
cela lui convient dans l'ordre à quelque mouvement
supérieur, d'où provient que cela commence maintenant
et non avant : comme l'homme commence d'être
maintenant et non avant selon l'ordre de révolution du
corps céleste. Mais on ne peut envisager une révolution
ou un mouvement supérieur à celui du corps céleste. Et
donc, on ne peut dire que le corps du ciel a commencé à
un moment alors qu'avant il n'était pas.

Mais tout cela n'a pas de nécessité. Ce qui est dit en
premier, que Dieu agit par son être et non par quelque
chose de surajouté, est vrai. Mais son être n'est pas,
comme en nous, distinct de son intelligence, pas plus que
de sa volonté ; donc il produit selon son intelligence et sa
volonté. Dans les choses qui sont produites par un agent
en tant qu'intelligent et volontaire, il faut que ce qui est

produit soit selon le mode qui a été pensé par celui qui produit ; et non pas selon le mode par lequel est celui qui produit selon son propre être. Donc, de même qu'il n'est pas nécessaire que ce qui est produit par Dieu produisant selon son propre être soit dans des conditions telles qu'est l'être divin, mais <plutôt> telles que déterminé par son intelligence ; de même, il n'est pas nécessaire que ce qui est produit par Dieu soit aussi durable que Dieu, mais <que cela dure> selon la détermination de l'intelligence <divine>. Et cela peut être dit également de la quantité dimensive du ciel. Que le ciel ait telle quantité et non une plus grande, provient de la détermination de l'intelligence divine déterminant en elle-même telle quantité, et choisissant une nature proportionnée à cette quantité ; de même qu'il le dégage des contraires, pour qu'il soit non-engendré et incorruptible, comme il est dit dans la lettre <du texte>. <Le fait> qu'il dise que la nature a bien fait suppose une action de l'intelligence de l'agent en vue d'une certaine fin : or ce n'est pas une nature supérieure autre que la divine qui le dégage des contraires. Semblablement, le fait qu'il dise que la bonté divine a été vacante et oisive avant la production du monde, n'a pas de sens. Oisif se dit de ce qui n'atteint pas la fin pour laquelle il est fait : mais la bonté de Dieu n'est pas à cause des créatures. Donc les créatures seraient oisives si elles ne recherchaient pas la bonté divine ; en revanche, la bonté divine ne serait nullement oisive, même si elle ne produisait jamais aucune créature. Semblablement, ce qu'il objecte en troisième, a lieu d'être dans un agent particulier, qui présuppose le temps et qui fait quelque chose dans une portion du temps. Dans ce cas, il faut effectivement que ce qui se fait soit proportionné par l'agent aux autres parties du temps comme à tout le temps <en général>, ou du moins à la cause totale du temps. Mais là, il s'agit de l'agent universel, qui produit la totalité même du temps concurremment aux choses qui sont dans le temps. Et donc, ce n'est pas ici le lieu de chercher pourquoi *maintenant* et non *avant* : comme si on présupposait une autre portion, précédente, de temps, ou une autre cause plus universelle causant le temps tout entier. En revanche, c'est le lieu de poser la question <de savoir> pourquoi l'agent universel, c'est-à-dire Dieu, a voulu que le temps et les choses qui sont dans le temps n'existent pas toujours. Et cela dépend de la détermination de son intelligence elle-même : de même que pour une maison, l'architecte choisit la quantité d'une partie de la maison selon une proportion par rapport à une autre partie ou à l'ensemble de la maison ; tandis qu'il détermine la quantité de la maison tout entière <exclusivement> selon son intelligence et sa volonté.

BIBLIOGRAPHIE SÉLECTIVE

ŒUVRES DE SAINT THOMAS D'AQUIN

– *Sancti Thomae Aquinatis Scriptum super libros Sententiarum*, editio nova cura Petri Mandonnet et Mariae Fabiani Moos, Paris, Lethielleux, 1929-1947, quatre volumes.

– *Sancti Thomae de Aquino Opera omnia jussu Leonis XIII P.M. edita cura et studio Fratrum Praedicatorum tomus L, [continens] Super Boetium de Trinitate, Expositio libri Boetii de Ebdomadibus*, Roma-Paris, Commissio leonina, 1992.

– *Sancti Thomae Aquinatis Doctoris angelici Opera omnia jussu edita Leonis XIII P.M., Summa contra Gentiles ad codices manuscriptos præsertim sancti Doctoris autographum exacta cum commentariis Francisci de Sylvestris Ferrariensis cura et studio Fratrum prædicatorum*, Roma, Riccardi Garroni, 1918-1930, trois volumes.

– *S. Thomae Aquinatis doctoris angelici Liber de veritate catholicæ fidei contra errores infidelium seu "Summa contra Gentiles" – volumen II, cura et studio fr. Ceslai Pera*, Torino-Roma, Marietti, 1961.

– *Sancti Thomae de Aquino Opera omnia jussu Leonis XIII P.M. edita cura et studio Fratrum Praedicatorum tomus XLII, [continens] Compendium theologiae, De articulis fidei et Ecclesiae sacramentis, Responsio de 108 articulis, Responsio de 43 articulis, Responsio de 36 articulis, Responsio de 6 articulis, Epistola ad ducissam Brabantiae, De emptione et venditione ad tempus, Epistola ad Bernardum abbatem casinensem, De regno ad regem Cypri, De secreto*, Roma, Editori di San Tommaso, 1979.

– S. Thomae Aquinatis doctoris angelici Opuscula theologica – volumen I, De re dogmatica et morali, cura et studio P. Doct. Fr. Raymundi A. Verardo, Torino-Roma, Marietti, 1954.

– Sancti Thomae de Aquino Opera omnia jussu Leonis XIII P.M. edita cura et studio Fratrum Praedicatorum tomus XL, [continens] In Opuscula introductio generalis, Contra Errores Graecorum, De rationibus Fidei, De forma absolutionis, De Substantiis separatis, Super Decretalem, Roma, Ad sanctae Sabinae, 1969.

– S. Thomae Aquinatis doctoris angelici Quæstiones disputatæ – volumen II, cura et studio P. Bazzi, M. Calcaterra, T.S. Centi, E. Odetto, P.M. Pession, Torino-Roma, Marietti, 1965.

– S. Thomae Aquinatis, Doctoris angelici, in librum beati Dionysii De divinis Nominibus expositio, cura et studio fr. Ceslai Pera, Torino-Roma, Marietti, 1950.

– Summa sacræ Theologiæ sancti Thomæ Aquinatis, Doctoris angelici, reverendissimi Domini Thomæ de Vio Cajetani commentariis illustrata, Lyon, Apud hæredes Jacobi Juntæ, 1562, quatre volumes.

– Sancti Thomae Aquinatis Summa theologica de novo edita cura et studio Collegii Provinciae Tolosanae eiusdem ordinis apud S. Maximinum, Paris, Blot, 1926-1935, six volumes.

– Sancti Thomae de Aquino Opera omnia jussu Leonis XIII P.M. edita cura et studio Fratrum Praedicatorum tomus XLV-1, [continens] Sententia libri de Anima, Roma-Paris, Commissio leonina, 1984.

– Sancti Thomae de Aquino Opera omnia jussu Leonis XIII P.M. edita cura et studio Fratrum Praedicatorum tomus XXV, [continens] Quaestiones de Quolibet, volumen II, Roma-Paris, Commissio leonina, 1996.

– Sancti Thomae de Aquino Opera omnia jussu Leonis XIII P.M. edita cura et studio Fratrum Praedicatorum tomus XLV-2, [continens] Sententia libri de Sensu et sensato, cuius *secundus tractatus est de Memoria et reminiscencia*, Roma-Paris, Commissio leonina, 1985.

– *S. Thomae Aquinatis doctoris angelici In octo libros Physicorum Aristotelis expositio, cura et studio P. M. Maggiolo*, Torino-Roma, Marietti, 1965.

– *Sancti Thomae de Aquino Opera omnia jussu Leonis XIII P.M. edita cura et studio Fratrum Praedicatorum tomus XLIII, [continens] De Principiis naturae, De Æternitate mundi, De Motu cordis, De Mixtione elementorum, De Operationibus occultis naturae, De Judiciis astrorum, De Sortibus, De Unitate intellectus, De Ente et essentia, De Fallaciis, De Propositionibus modalibus*, Roma, Editori di San Tommaso, 1976.

– *Sancti Thomae de Aquino Opera omnia jussu Leonis XIII P.M. edita cura et studio Fratrum Praedicatorum tomus XLVIII, [continens] Sententia libri Politicorum, Tabula libri Ethicorum*, Roma, Ad sanctae Sabinae, 1971.

– *S. Thomae Aquinatis doctoris angelici In Aristotelis libros Peri hermeneias et Posteriorum analyticorum expositio, cura et studio P. Fr. Raymundi M. Spiazzi*, Torino-Roma, Marietti, 1964.

– *S. Thomae Aquinatis doctoris angelici In duodecim libros Metaphysicorum Aristotelis expositio, editio iam a M.-R. Cathala exarata retractatur cura et studio P. Fr. Raymundi M. Spiazzi*, Torino-Roma, Marietti, 1964.

– *Sancti Thomæ de Aquino super librum De Causis expositio*, par Henri Dominique Saffrey, Leuven-Fribourg, Société philosophique-Nauwelaerts, 1954.

– *S. Thomae Aquinatis doctoris angelici In librum De Causis expositio, cura et studio fr. Ceslai Pera*, Torino-Roma, Marietti, 1955 ; 2ᵉ éd., Paris, Vrin, 2002.

– *S. Thomae Aquinatis doctoris angelici In Aristotelis libros De Cælo et mundo, De Generatione et corruptione, Meteorologicorum expositio, cura et studio P. Fr. Raymundi M. Spiazzi*, Torino-Roma, Marietti, 1952.

– Site internet « http://www.corpusthomisticum.org ».

LA DURÉE DU MONDE, L'INFINITÉ DU MONDE, LA CRÉATION DU MONDE

AERTSEN Jan Adrian, « The eternity of the world : The believing and the philosophical Thomas – Some comments », *in* Jozef B. M. WISSINK (dir.), *The Eternity of the World in the Thought of Thomas Aquinas and his Contemporaries*, Leiden – New York – Kobenhavn – Köln, E. J. Brill, 1990, p. 9-19.

ANDERSON James F., « Time and the possibility of an eternal world », *The Thomist*, XV, 1952, p. 136-161.

ARGERAMI Omar, « El infinito actual en santo Tomas », *Sapientia*, XXVI, 1971, p. 217-232.

– « La cuestion "De aeternitate mundi" – Posiciones doctrinales », *Sapientia*, XXVII, 1972, p. 313-334; XXVIII, 1973, p. 99-124 et p. 179-208.

– « Ortodoxia y heterodoxia : en torno de la cuestion "De aeternitate mundi" », *Patristica et Mediaevalia*, III, 1982, p. 3-19.

– « Sigieri di Brabante e la questione dell'eternita del mondo », *in* Massimo CAMPANINI (dir.), *L'intelligenza della fede – Filosofia e religione in Averroe et nell'averroismo*, Bergamo, Perluigi Lubrina editore, 1989, p. 173-182.

BALDNER Steven Earl et CARROLL William E., *Aquinas in Creation – Writings on the Sentences of Peter Lombard, Book 2, Distinction 1, Question 1*, Toronto, Pontifical Institute of Mediaeval Studies, 1997.

BARONTINI Massimiliano, « La discussione sull'eternita del mondo alla facolta teologica di Parigi nei primi trenta anni del XIII secolo – Aristotelismo et tradizione teologica », *Documenti e studi sulla tradizione filosofica medievale*, V, 1994, p. 43-86.

BAUDRY Jules, *Le problème de l'éternité du monde dans la philosophie grecque, de Platon à l'ère chrétienne*, Paris, Les Belles Lettres, 1931.

BELMOND Séraphin, « L'idée de création d'après S. Bonaventure et Duns Scot », *Études franciscaines*, XXX, 1913, p. 449-462.

BERTOLA Ermenegildo, « Tommaso d'Aquino e il problema dell'eternita del mondo », *Rivista di filosofia neo-scolastica*, LXVI, 1974, p. 312-355.

BIANCHI Luca, *L'inizio dei tempi : anticita e novita del mondo de Bonaventura a Newton*, Firenze, Olschki, 1987.

BONANSEA Bernardino Maria, « The question of an eternal world in the teaching of St. Bonaventure », *Franciscan Studies*, XXXIV, 1974, p. 7-33.

– « The impossibility of creation from eternity according to St. Bonaventure », *Proceedings of the American catholic philosophical association*, XLVIII, 1974, p. 121-135.

BOULNOIS Olivier, « Création, contingence et singularité, de Thomas d'Aquin à Duns Scot », *in* Jean GREISCH et Ghislaine FLORIVAL (dir.), *Création et événement – Autour de Jean Ladrière*, Louvain la Neuve-Leuven-Paris, Éditions de l'Institut supérieur de Philosophie-Éditions Peeters, 1996, p. 3-20.

BRADY Ignatius, « The Questions of Master William of Baglione, O. F. M., *"De aeternitate mundi"* (Paris 1266-1267) », *Antonianum*, XLVII, 1972, p. 362-371 et p. 576-616.

– « John Pecham and the background of Aquinas's *De aeternitate mundi* », *in* A. MAURER (dir.), *St. Thomas Aquinas – 1274-1974 – Commemorative Studies*, Toronto, Pontifical Institute of Mediaeval Studies, 1974, II, p. 141-178.

BROWN Stephen F., « The eternity of the world discussion in early Oxford », *in* A. ZIMMERMANN, A. SPEER (dir.), *Mensch und Natur im Mittelalter*, 1991, p. 259-280.

BUKOWSKI Thomas Paul, « The eternity of the world according to Siger of Brabant : probable or demonstrative ? », *Recherches de théologie ancienne et médiévale*, XXXVI, 1969, p. 225-229.

– « An early dating for Aquinas "*De aeternitate mundi*" », *Gregorianum*, LI, 1970, p. 277-304.

– « J. Pecham, T. Aquinas, *et al.*, on the eternity of the world », *Recherches de théologie ancienne et médiévale*, XLVI, 1979, p. 216-221.

CARVALHO Mario Avelino Santiago (de), « The problem of the possible eternity of the world according to Henry of Ghent and his historians », *in* W. VANHAMEL (dir.), *Henry of Ghent – Proceedings of the international colloquium on the occasion of the 700th anniversary of his death (1293)*, Leuven, Leuven University Press, 1996, p. 43-70.

– « Le langage de la création et l'enjeu de la causalité dans quelques textes théologiques *De aeternitate mundi* », *in* J. HAMESSE, C. STEEL (dir.), *L'élaboration du vocabulaire philosophique au Moyen Âge*, Turnhout, Brepols, 2000, p. 293-321.

CHENU Marie-Dominique, « Création et histoire », *in* Armand MAURER (dir.), *St. Thomas Aquinas – 1274-1974 – Commemorative Studies*, Toronto, Pontifical Institute of Mediaeval Studies, 1974, II, p. 391-399.

CLAVIER Paul, *Ex nihilo – Volume 1 : L'introduction en philosophie du concept de création*, Paris, Hermann, 2011.

COCCIA Antonius, « De aeternitate mundi apud S. Bonaventuram et recentiores », in *S. Bonaventura (1274-1974) – Volumen commemorativum anni septies centenarii a morte S. Bonaventurae Doctoris seraphici, cura et studio Commissionis internationalis bonaventurianae*, Grottaferrata, Collegio S. Bonaventura, 1973, p. 279-306.

CRENNA Mario, « Si puo dimostrare la finitezza dell'Universo ? », *Divus Thomas*, LIII, 1950, p. 374-376.

DALES Richard C., « Early latin discussions of the eternity of the world in the thirteenth century », *Traditio*, XLIII, 1987, p. 170-197.

– *Medieval discussions of the eternity of the world*, Leiden-New York-Kobenhavn-Köln, E. J. Brill, 1990.

— et Argerami Omar, *Medieval latin texts on the eternity of the world*, Leiden-New York-Kobenhavn-Köln, E. J. Brill, 1994.

Davidson Herbert Alan, *Proofs of eternity, creation and the existence of God in medieval islamic and jewish philosophy*, Oxford, Oxford University Press, 1987.

Decloux Simon, *Temps, Dieu, liberté dans les commentaires aristotéliciens de saint Thomas d'Aquin*, Bruges-Paris, Desclée De Brouwer, 1967.

Degl'Innocenti Humbertus, « De infinito in quantitate », *Divus Thomas*, LIII, 1950, p. 234-240.

De Grijs Ferdinand Jacob Antoine, « The theological character of Aquinas' *De aeternitate mundi* », in Jozef B. M. Wissink (dir.), *The Eternity of the World in the Thought of Thomas Aquinas and his Contemporaries*, Leiden-New York-Kobenhavn-Köln, E. J. Brill, 1990, p. 1-8.

Dunphy William, « Maimonides and Aquinas on Creation – A critique of their historians », *in* Lloyd P. Gerson (dir.), *Graceful reason – Essays in ancient and medieval philosophy presented to Joseph Owens CSSR*, Toronto, Pontifical Institute of Mediaeval Studies, 1983, p. 261-379.

Evrard Étienne, « Aristote, Philopon, Simplicius et Thomas d'Aquin sur l'éternité du monde », in *Aristotelica Secunda – Mélanges offerts à Christian Rutten*, Liège, C.I.P.L., 1996, p. 319-331.

Fakhry Majid, « The antinomy of the eternity of the world in Averroes, Maimonides and Aquinas », *Museon*, LXVI, 1953, p. 139-155.

Gierens Michael, *Controversia de æternitate mundi –Textus antiquorum et scholasticorum*, Roma, Pontificia Università Gregoriana, 1965 [première édition 1933].

GUITTON Jean, *Le temps et l'éternité chez Plotin et saint Augustin*, troisième édition, Paris, Vrin, 1959.

HISSETTE Roland, « Note critique sur le *De aeternitate mundi* de Boèce de Dacie – A propos d'une interprétation récente », *Recherches de théologie ancienne et médiévale*, XL, 1973, p. 208-217.

JOLIVET Régis, *Essai sur les rapports entre la pensée grecque et la pensée chrétienne – Aristote et saint Thomas ou l'idée de création – Plotin et saint Augustin ou le problème du mal – Hellénisme et christianisme*, Paris, Vrin, 1955.

KOVACH Francis J., « The question of the eternity of the world in St. Bonaventure and St. Thomas – A critical analysis », *Southwestern Journal of Philosophy*, V, 1974, p. 141-172.

LANDUCCI Pier Carlo, « Si puo dimostrare filosoficamente la temporaneita e finitezza dimensiva dell'Universo materiale ? », *Divus Thomas*, LII, 1949, p. 340-344.

– « L'infinita dimensiva e temporale dell'Universo è veramente assurda », *Divus Thomas*, LIV, 1951, p. 60-79.

LASSUS Alain-Marie (de), « Saint Thomas et le problème de la possibilité d'un univers créé éternel », *Sapientia*, LII, 1997, p. 195-202.

MACKEN Raymond, « La temporalité radicale de la créature selon Henri de Gand », *Recherches de théologie ancienne et médiévale*, XXXVIII, 1971, p. 211-272.

MASI Roberto, « A proposito di un universo infinitamente esteso », *Divus Thomas*, LIII, 1950, p. 370-374.

MAY Gerhard, *Schöpfung aus dem Nichts : Die Entstehung der Lehre von der creatio ex nihilo*, Berlin-New York, Walter de Gruyter, 1978.

– *Creatio ex nihilo : The doctrine of "creation out of nothing" in early christian thought*, Edinburgh, T. & T. Clark, 1994.

MICHON Cyrille (dir.), *Thomas d'Aquin et la controverse sur l'éternité du monde*, Paris, Flammarion, 2004.

MONDREGANES Pius M., « De impossibilitate aeternae mundi creationis ad mentem S. Bonaventurae », *Collectanea franciscana*, V, 1935, p. 529-570.

NICOLAS Jean-Hervé, « Être créé », *Revue thomiste*, XCII, 1992, p. 621-628.

NOONE Timothy Bellamah, « The originality of St. Thomas's position on the Philosophers and Creation », *The Thomist*, LX, 1996, p. 275-300.

PORRO Pasquale, *Forme e modelli di durata nel pensiero medievale – L'aevum, il tempo discreto, la categoria "Quando"*, Leuven, Leuven University Press, 1996.

— (dir.), *The medieval concept of time – Studies on the scholastic debate and its reception in early modern philosophy*, Leiden-Boston-Köln, Brill, 2001.

SAJÓ Géza, *Un traité récemment découvert de Boèce de Dacie : "De mundi aeternitate" – Texte inédit avec une introduction critique*, Budapest, Akademiai Kaidó, 1954.

SARANYANA Jose Ignacio, « La creacion "ab aeterno" – Controversia de Santo Tomas y Raimundo Marti con San Buenaventura », *Scripta theologica*, V, 1973, p. 127-174.

SEESKIN Kenneth, « Maimonides and Aquinas on Creation », *Mediœvo*, XXIII, 1997, p. 453-472.

– *Maimonides on the origin of the World*, New York, Cambridge University Press, 2005.

SERTILLANGES Antonin-Dalmace, *L'idée de création et ses retentissements en philosophie*, Paris, Aubier-Montaigne, 1945.

SORABJI Richard, *Time, creation and the continuum – Theories in Antiquity and the early Middle Ages*, troisième édition, Chicago, University of Chicago Press, 2006. (1 re édition : Ithaca [New York], Cornell University Press, 1983).

THOMAS D'AQUIN, *Somme théologique*, « La Création », traduction, notes et appendices par le père Antonin-Dalmace Sertillanges, Paris-Tournai, Cerf-Desclée et Cie, 2ᵉ édition, 1963.

VAN STEENBERGHEN Fernand, « La controverse sur l'éternité du monde au XIIIᵉ siècle », *Bulletin de l'Académie royale de Belgique*, LVIII, 1972, p. 267-287.

– « Saint Bonaventure contre l'éternité du monde », in *S. Bonaventura (1274-1974) – Volumen commemorativum anni septies centenarii a morte S. Bonaventurae Doctoris seraphici, cura et studio Commissionis internationalis bonaventurianae, Philosophica*, Grottaferrata, Collegio S. Bonaventura, 1973, p. 259-278.

– *Maître Siger de Brabant*, Leuven-Paris, Publications universitaires-Vander Oyez, 1977.

– « Le mythe d'un monde éternel », *Revue philosophique de Louvain*, LXXVI, 1978, p. 157-179.

– « Le mythe d'un monde éternel – Note complémentaire », *Revue philosophique de Louvain*, LXXX, 1982, p. 486-499.

VAN VELDHUIJSEN Peter, « The question of the possibility of an eternally created world : Bonaventura and Thomas Aquinas », in Jozef B. M. WISSINK (dir.), *The Eternity of the World in the Thought of Thomas Aquinas and his Contemporaries*, Leiden-New York-Kobenhavn-Köln, E. J. Brill, 1990, p. 20-38.

VERBEKE Gérard, « L'univers est-il l'œuvre de Dieu? La réponse de Thomas d'Aquin », in Léon J. ELDERS (dir.), *Quinque sunt viae – Actes du Symposium sur les cinq voies de la "Somme théologique", Rolduc 1979*, Roma, Libreria Editrice Vaticana, 1980, p. 42-64.

VERNIER Jean-Marie, *La création chez saint Thomas d'Aquin*, thèse de philosophie présentée à Paris IV-Sorbonne pour l'obtention d'un doctorat de troisième cycle sous la direction du professeur Pierre Boutang, s.d.

WEISHEIPL James Athanasius, « The date and context of Aquinas'"*De aeternitate mundi*" », *in* Lloyd P. GERSON (dir.), *Graceful reason – Essays in ancient and medieval philosophy presented to Joseph Owens CSSR*, Toronto, Pontifical Institute of Mediaeval Studies, 1983, p. 239-271.

WIPPEL John Francis, « Did Thomas Aquinas defend the possibility of an eternally created world? (The *"De aeternitate mundi"* revisited) », *Journal of the History of Philosophy*, XIX, 1981, p. 21-37.

ZIMMERMANN Albert, « "Mundus est aeternus" – Zur Auslegung dieser These bei Bonaventura und Thomas von Aquin », *in* A. Zimmermann (dir.) *Die Auseinandersetzungen an der Pariser Universität im XIII. Jahrhundert*, Berlin-New York, Walter De Gruyter, 1976, p. 316-330.

– « Alberts Kritik an einem Argument für den Anfang der Welt », *in* A. Zimmermann (dir.), *Albert der Grosse – Seine Zeit, seine Werk, seine Wirkung*, Berlin-New York, Walter De Gruyter, 1981, p. 78-88.

TABLE DES MATIÈRES

TEXTES DE THOMAS D'AQUIN

Achevé d'imprimer en mars 2020
sur les presses de
La Manufacture - Imprimeur – 52200 Langres
Tél. : (33) 325 845 892

N° imprimeur : 200309 - Dépôt légal : avril 2020
Imprimé en France